Origami für alle

Mit vielen Anwendungen und
400 Schrittzeichnungen

INHALTSVERZEICHNIS

Die mit einem * gekennzeichneten Figuren sind eigene Entwürfe des Autors Armin Täubner.

Origami für alle

Origami ist eine japanische Papierfaltkunst, deren Geschichte weit in die Vergangenheit zurückreicht. Der Begriff ist eine Zusammensetzung aus *ori*, japanisch für falten, und *kami*, japanisch für Papier. Ob die Chinesen als Erfinder des Papiers auch die Faltkunst nach Japan exportiert haben, ist umstritten. Es gibt Quellen, die vermuten lassen, dass chinesische Mönche diese Kunst schon im 6. Jahrhundert in Japan verbreitet haben. Andere Theorien sehen als Ursprung des Origami das zeremonielle Falten von Papier (*noshi*), das in Japan bei religiösen Riten in der Muromachi-Ära im 16. Jahrhundert angewandt wurde.

Heutzutage wird Origami eher als entspannende Freizeitbeschäftigung gesehen. Ein großer Kreis an Origami-Foren und -Vereinen zeigt jedoch, dass die Faszination dieser ästhetischen Beschäftigung grenzenlos ist. Es gibt Origami-Ausstellungen, Origami-Wettbewerbe und beispielsweise im Internet findet man viele Origami-Anhänger, die ihre aparten Schöpfungen in Galerien präsentieren.

Dieses Buch wendet sich in erster Linie an Anfänger. In den Kapiteln finden sich nützliche Helfer wie Schachteln und Umschläge, dekorative Figuren wie Blüten und Ornamente, Schiffe aller Art, Vögel und Tiere sowie so genannte Aufblasfiguren, deren besonderer Reiz darin liegt, dass man sie nach gelungenem Falten zu voller Größe aufpustet. Es handelt sich um traditionelle sowie vom Autor selbst entwickelte Figuren. Klare, gut erkennbare Zeichnungen illustrieren jeden Faltschritt und erleichtern das Nacharbeiten. Viel Vergnügen mit Origami!

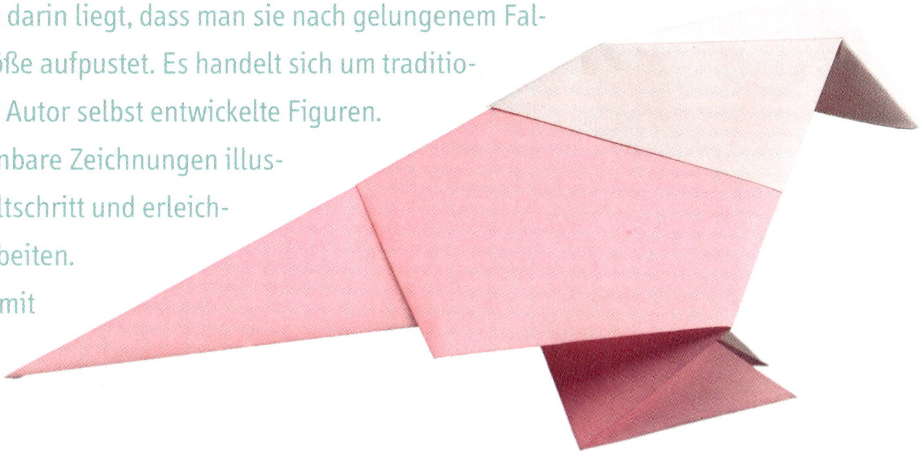

Material und Hilfsmittel

Papier

Um beim Falten schöne Ergebnisse zu erhalten, ist es wichtig, dass man gutes Papier verwendet. Es muss sich gut falten lassen, ohne dass es bricht oder die Farbe absplittert. Außerdem sollte es biegsam und knitterfrei sein, damit es sich beim Glattstreichen nicht wellt oder dehnt oder gar einreißt. Schön ist es auch, wenn das Papier lichtecht eingefärbt ist, also nicht ausbleicht, und bis zu einem gewissen Grad Feuchtigkeit verträgt.

Origamipapier ist in der Regel nicht durchgefärbt, das heißt, die beiden Seiten haben unterschiedliche Farben, meist ist eine Seite weiß. Es ist häufig in der Qualität 70 g/qm oder 75 g/qm zu finden. In der Regel ist es quadratisch. Wenn Sie Ihr Papier selbst zuschneiden, sollten Sie darauf achten, dass die Seiten wirklich exakt gleich lang sind. Besonders schön sind Origamipapiere mit traditionellen japanischen oder modernen grafischen Mustern, sie machen das Falten noch mal so reizvoll.

Man findet auch spezielles Papier für bestimmte Modelle. So gibt es beispielsweise Aquapapier, das schwimmfähig ist und sich daher gut für das Falten von Schiffen, Booten und Schwimmvögeln eignet. Oder Lampenpapier, das schwer entflammbar und leicht transparent ist und aus dem man attraktive Windlichter falten kann.

Im Handel gibt es außerdem quadratische Faltblätter aus unterschiedlichen Papierarten und in unterschiedlichen Stärken. Nicht alle sind gleichermaßen gut für Origami bzw. für einzelne Origamifiguren geeignet. Probieren Sie aus, was Ihnen zusagt und womit Sie am besten zurechtkommen.

Hinweis

Die meisten Figuren werden aus quadratischen Papierstücken gefaltet, manche entstehen jedoch aus Rechtecken, z. B. in den gängigen Formaten A4 oder A5. Hinweise dazu finden Sie im Text.

Falzbein

Eine gute Hilfe beim Falten ist ein Falzbein. Durch seine besondere Form gelingt das Falten leichter und es bleiben keine glänzenden Stellen auf dem Papier zurück. Die Spitze des Falzbeins kann bei engen Faltungen behilflich sein. Bei sehr engen Stellen oder wenn mit einem sehr kleinen Stück Papier gearbeitet wurde, kann auch ein Schaschlikstäbchen oder ein Zahnstocher helfen, Faltungen exakt auszuführen.

Faltungen

Bergfalte

Wenn die Seiten des Papierbogens nach unten geklappt werden, weist die Faltkante wie eine Bergkette nach oben.
Eine Strichpunktlinie markiert eine Bergfalte.

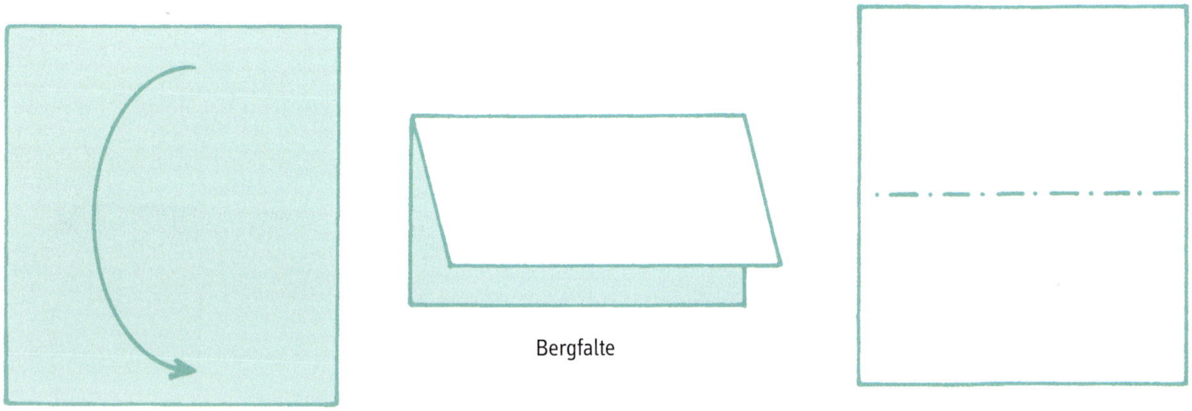

Bergfalte

Talfalte

Wenn ein Papierbogen in der Mitte gefaltet und wieder geöffnet wird, sieht die Faltung wie eine Rinne bzw. ein Tal aus.
Eine gestrichelte Linie markiert eine Talfalte.

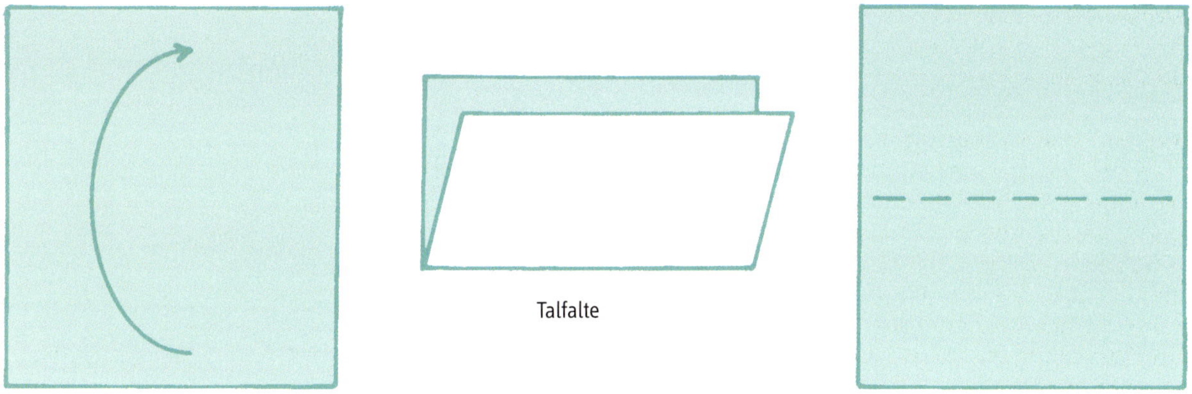

Talfalte

Tütenfalte

1–2 Die Spitze an der gestrichelten Linie nach unten falten.

3–4 Die Spitze wieder nach oben klappen. An der Faltlinie die Spitze leicht spreizen (kurze Pfeile) und dann die Spitze von oben nach unten und nach innen klappen. Die Faltlinien nachziehen.

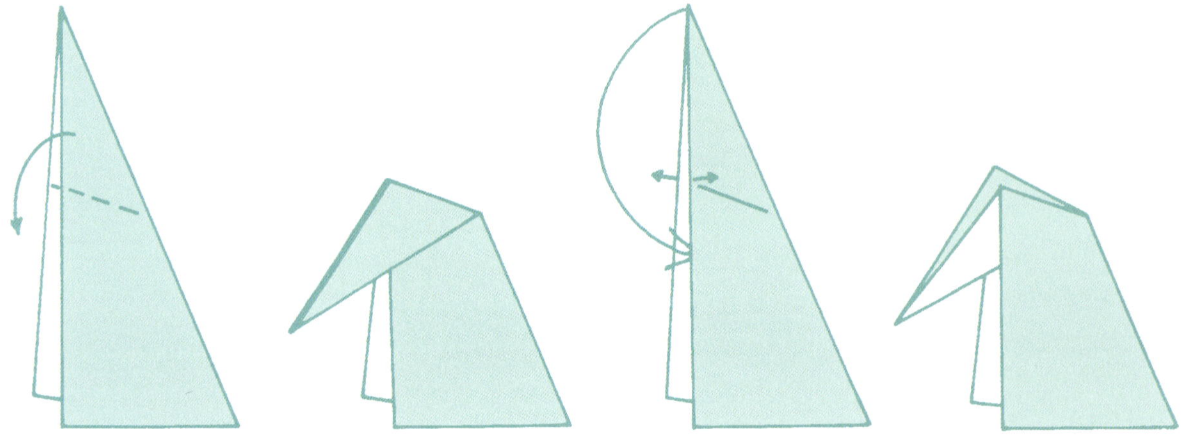

1 2 3 4

Mützenfalte

1–2 Die Spitze an der gestrichelten Linie nach unten falten.

3–4 Die Spitze wieder nach oben klappen. An der Faltlinie die Spitze leicht spreizen (kurze Pfeile) und dann die Spitze von oben nach unten und wie eine Mütze über den unteren Teil klappen. Die Faltlinien nachziehen.

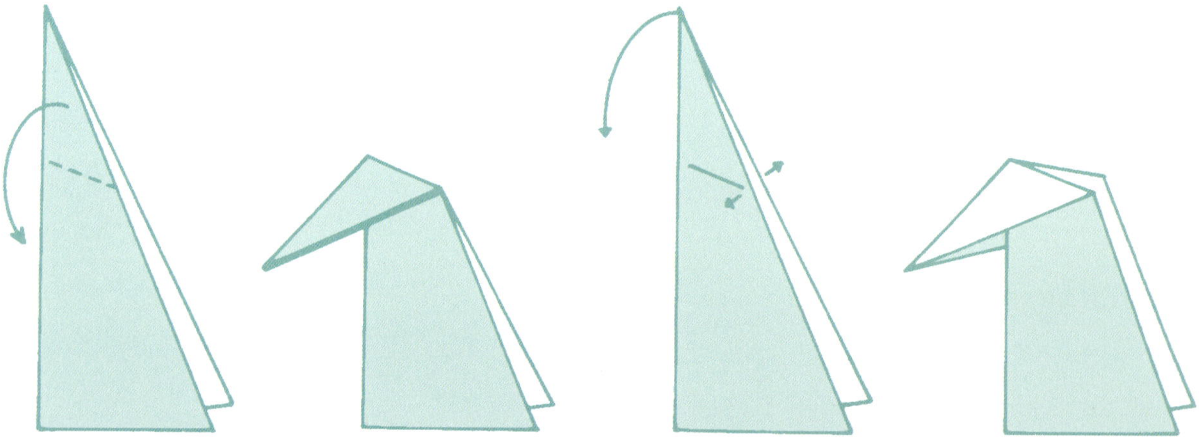

1 2 3 4

Zeichenerklärung

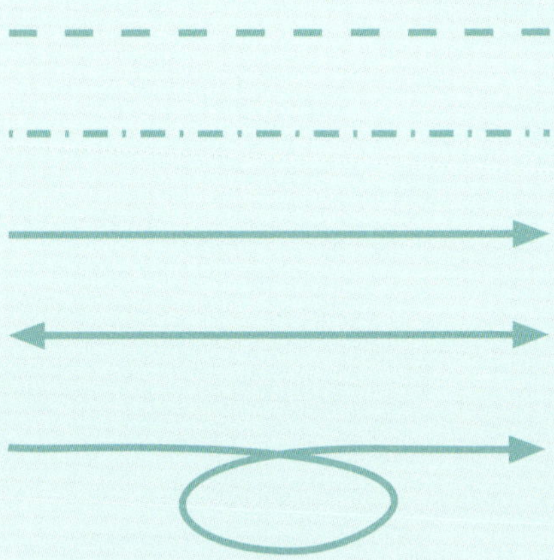

Talfalte

Bergfalte

Faltrichtung

falten und wieder öffnen

Faltarbeit wenden

Tricks & Tipps

Fangen Sie mit großen Faltblättern (20 cm x 20 cm) an. Damit gelingen Ihnen die Faltungen besser.

Auch ist es leichter, erst mit unifarbenem Papier zu beginnen. Kleine Muster können von den Faltlinien ablenken, besonders bei komplizierten Figuren verliert man leicht den Überblick.

Geben Sie nicht auf, wenn Sie eine Faltung nicht auf Anhieb verstehen. Manchmal muss man ein bisschen ausprobieren, bis man verstanden hat, in welche Richtung eine Faltung gehen oder wie man welche Ecke umstülpen soll.

Origamipapier hat oftmals zwei verschiedenfarbige Seiten, oft ist eine Seite einfach weiß. Wenn Sie mit solch zweifarbigem Papier arbeiten, müssen Sie erst entscheiden, welche Seite nach außen und welche nach innen soll. Orientieren Sie sich an den Abbildungen. An der letzten Schrittzeichnung kann man gut erkennen, welche Seite außen ist bzw. von welcher man am fertigen Objekt am meisten sieht.

Das A und O beim Origami sind exakte Faltkanten. Je mehr Faltschritte für eine Figur nötig sind, desto besser sollten Sie auf genaues Falten achten.

Schwierigkeitsgrade

 einfache Figur

 etwas schwierigere Figur

 anspruchsvolle Figur

Grundformen

Im Origami gibt es Grundformen, die schon für sich eine Figur sind, aus denen aber durch Weiterfalten unterschiedliche Figuren entwickelt werden können. In diesem Buch werden zwei Grundformen verwendet: der Katamaran und die Doppelspitze.

Grundform 1: Katamaran

1 Das Papierquadrat zweimal diagonal falten und wieder öffnen.

2 Die Ecken an den gestrichelten Linien zur Mitte und wieder zurück falten. Das Papier wenden.

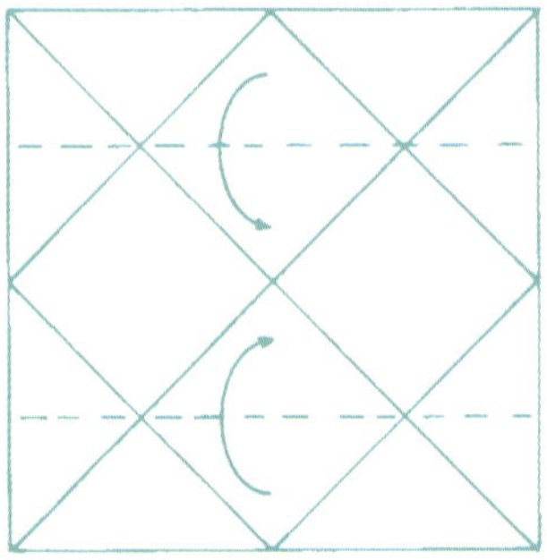

3 Die beiden Seiten an den gestrichelten Linien zur Mitte falten.

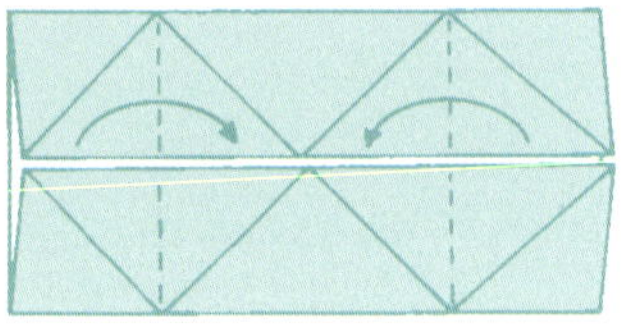

4 Die beiden Seiten an den gestrichelten Linien zur Mitte falten.

5–6 Aus dem entstandenen Quadrat in Pfeilrichtung die dreieckige Lasche herausziehen.

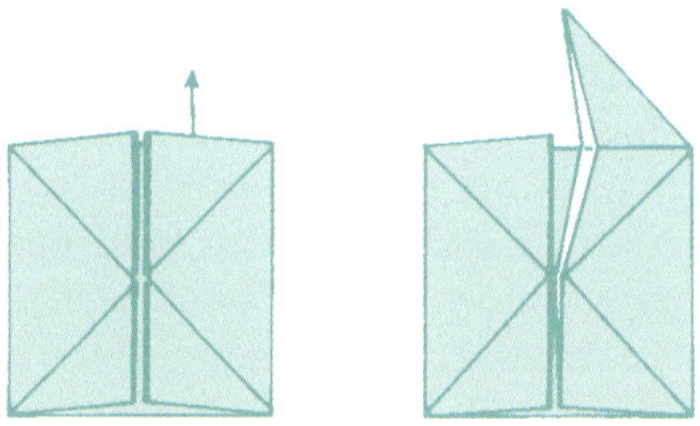

7–8 Die restlichen drei Laschen herausziehen und die Figur entlang der gestrichelten Mittellinie zum Katamaran falten.

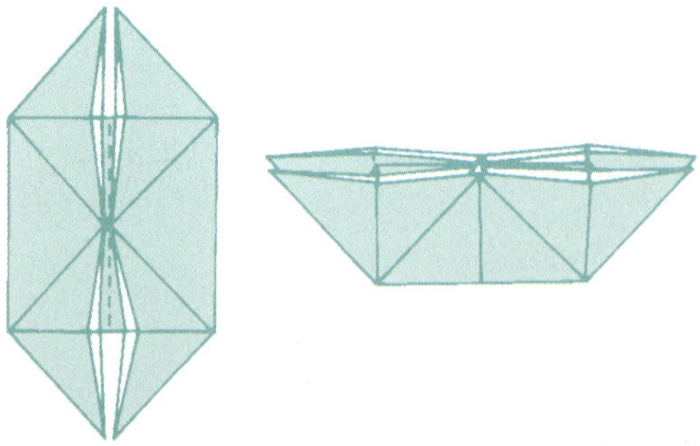

Aus der Grundform 1, dem Katamaran, werden der Fischkutter, das Fröbelornament, das Medaillon und der Stern gefaltet.

Grundform 2: Doppelspitze

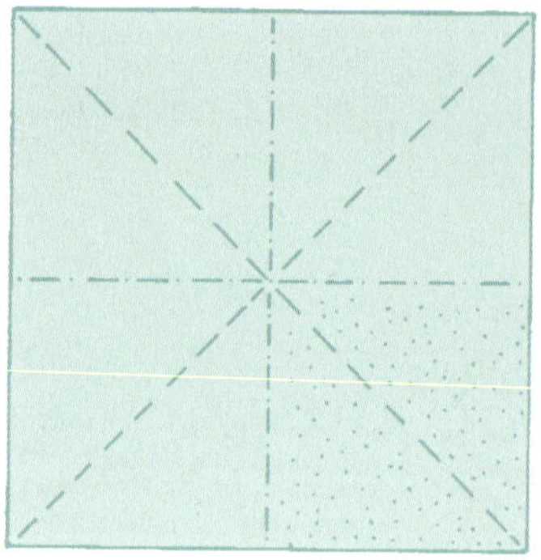

1 Das Papierquadrat zweimal diagonal falten, öffnen und wenden. Nun das Papier zweimal auf die Hälfte falten und öffnen.

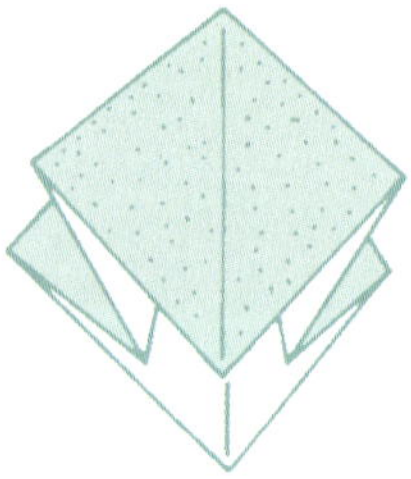

2 Das Papier zu einem kleinen Quadrat falten. (Die gepunktete Fläche des großen Quadrates entspricht der gepunkteten Fläche des kleinen Quadrates.)

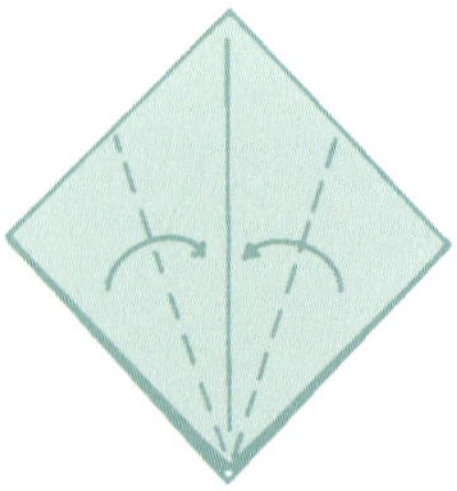

3 Von beiden Seiten jeweils die obere Lage an den gestrichelten Linien zur Mitte falten.

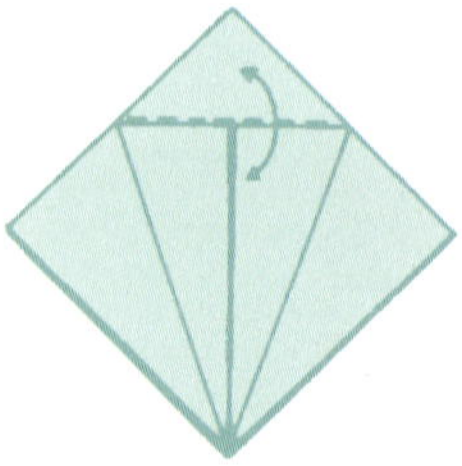

4 Die obere Spitze an der gestrichelten Linie nach unten und wieder nach oben falten.

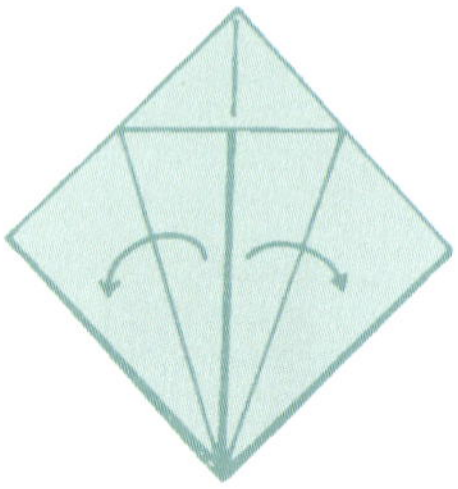

5 Die bei Schritt 3 nach innen gefalteten Seiten wieder nach außen falten.

6–7 Die mit einem Kreuz markierte untere Spitze an der gestrichelten Linie nach oben falten, glatt streichen und wenden. Die Arbeitsschritte 3 bis 7 wiederholen.

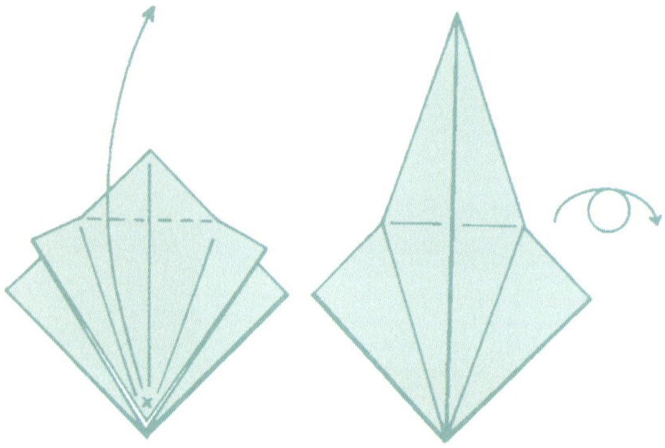

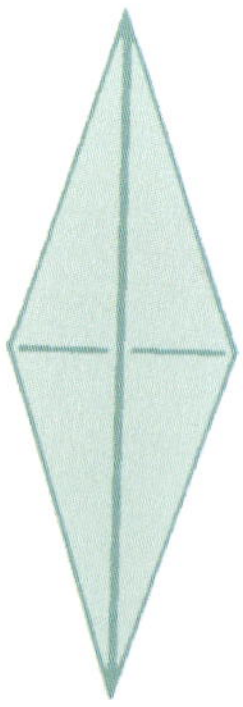

8 So entsteht die Doppelspitze.

Aus der Grundform 2, der Doppelspitze, werden der Vogel, der einfache und der filigrane Kranich, der Antilopenkopf, die Schildkröte und die Robbe gefaltet.

NÜTZLICHES

Becher, aus denen man (wenn kein Glas zur Hand ist) tatsächlich Wasser trinken kann, Kästchen und Schachteln, um Kleinigkeiten aufzubewahren, sowie Briefumschläge und Täschchen – schöne nützliche Dinge kann man mit der Origami-Technik falten.

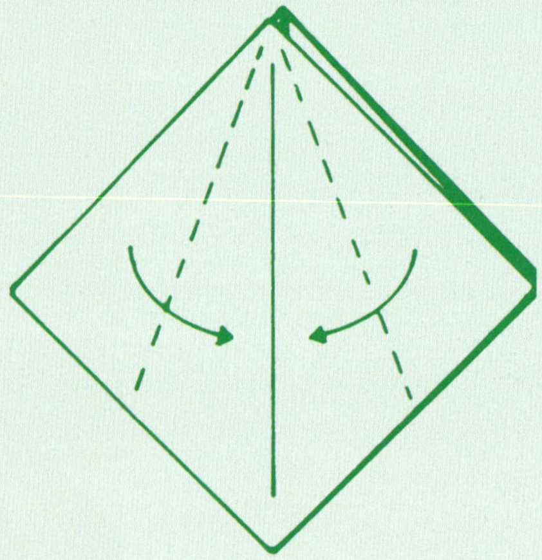

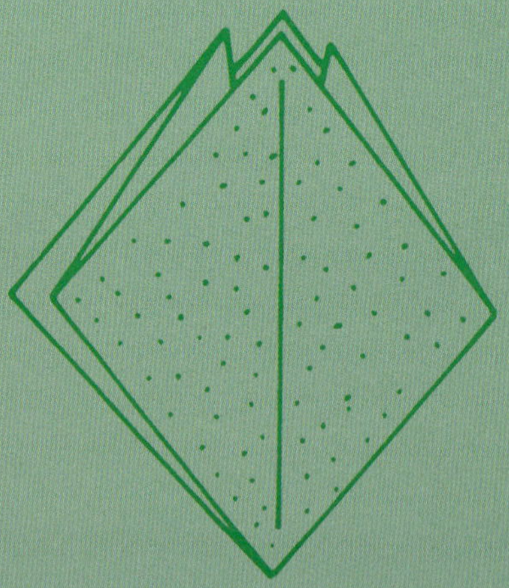

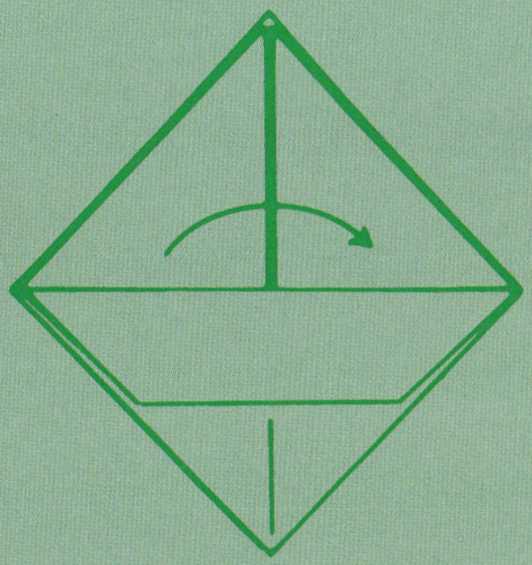

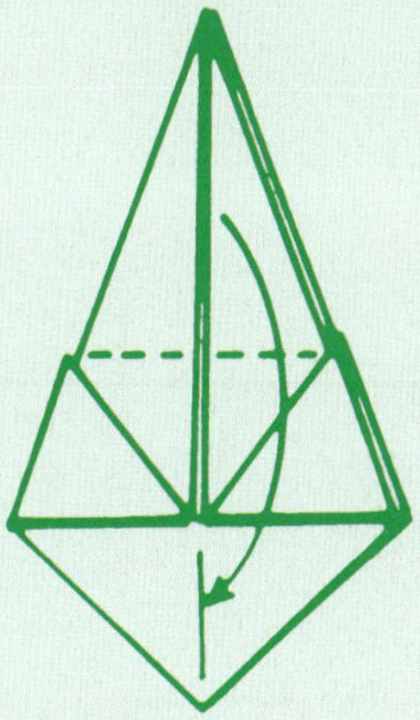

Becher 1

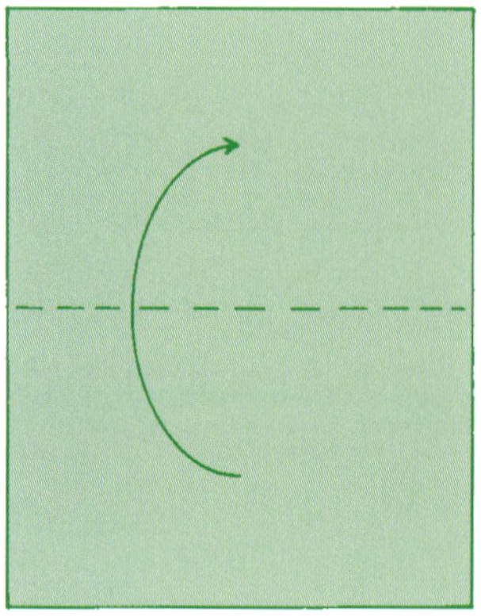

1 Ein Papierrechteck, z. B. A4, an der gestrichelten Linie falten.

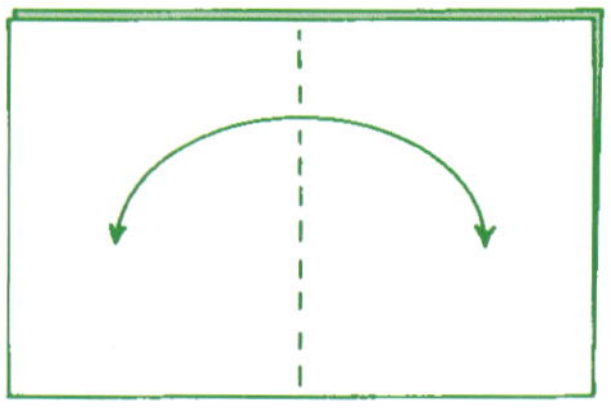

2 Den gefalteten Bogen an der gestrichelten Linie falten und wieder öffnen.

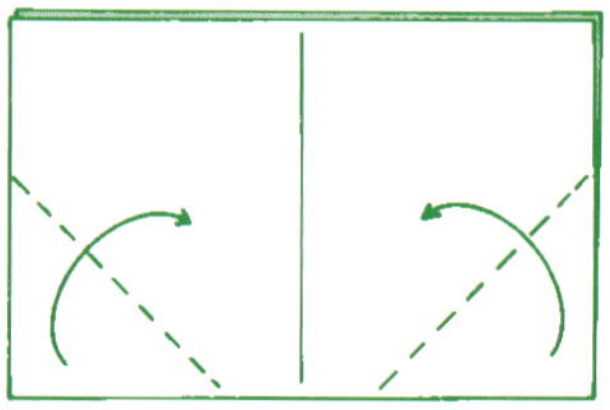

3 Die beiden unteren Ecken an den gestrichelten Linien nach innen falten (Becher ohne Spitze).

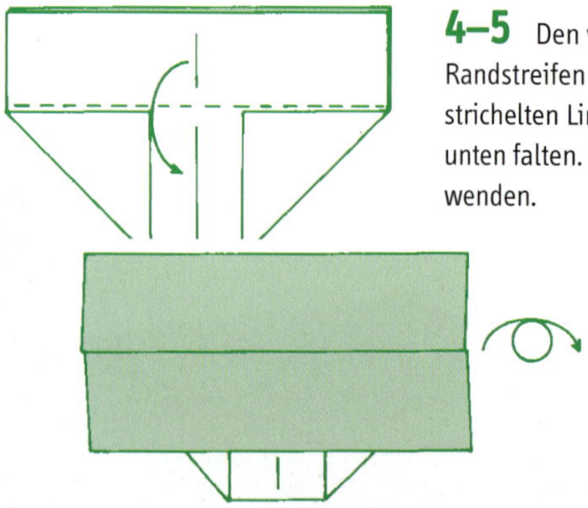

4–5 Den vorderen Randstreifen an der gestrichelten Linie nach unten falten. Das Ganze wenden.

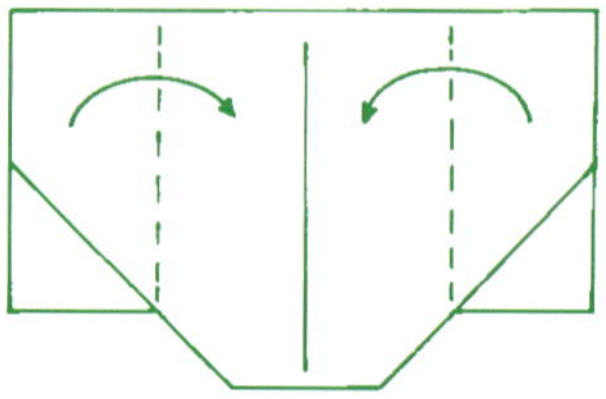

6 Die beiden Seiten an den gestrichelten Linien zur Mitte falten.

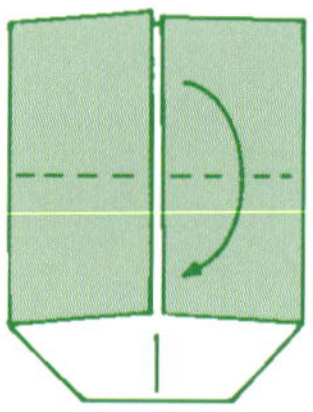

7 Den oberen Rand an der gestrichelten Linie nach unten falten.

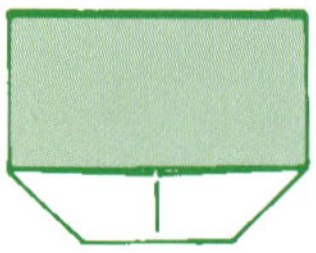

8 Der fertige Becher ist ca. 10 cm breit und 8 cm (ohne Spitze) bzw. 11 cm (mit Spitze) hoch.

Tipp

Der wasserdichte Becher kann mit oder ohne Spitze an der Unterseite gefaltet werden. Um die Spitze an der Unterseite zu erhalten, einfach bei Arbeitsschritt 3 die beiden Ecken schräg von unten bis an die Mittellinie falten.
Aus 24 Bechern kann z. B. ein hübscher Adventskalender gestaltet werden. Die Becher an einem Stab, einer Kordel, einem Tannenzweig o. Ä. aufhängen.

Becher 2

1 Das Papierquadrat diagonal falten.

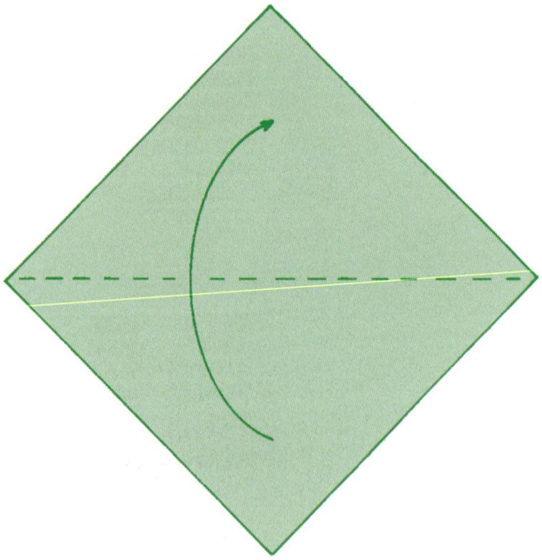

2 Die obere Spitze an der gestrichelten Linie nach unten und wieder nach oben falten. Nur leicht falten, denn es geht nur um den mit einem Kreis markierten Randpunkt.

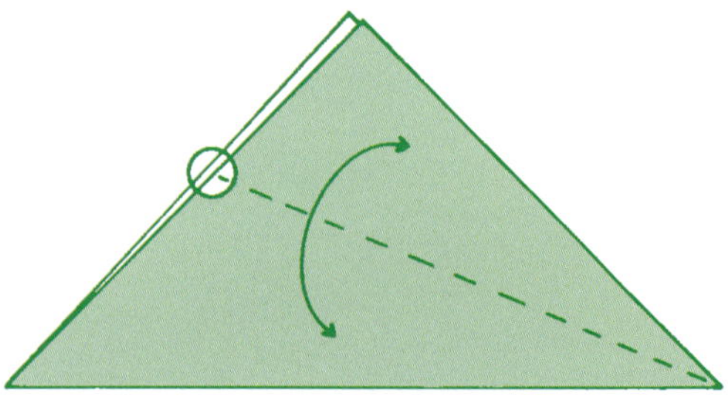

3 Die rechte Spitze an der gestrichelten Linie auf den mit einem Kreis markierten Randpunkt falten.

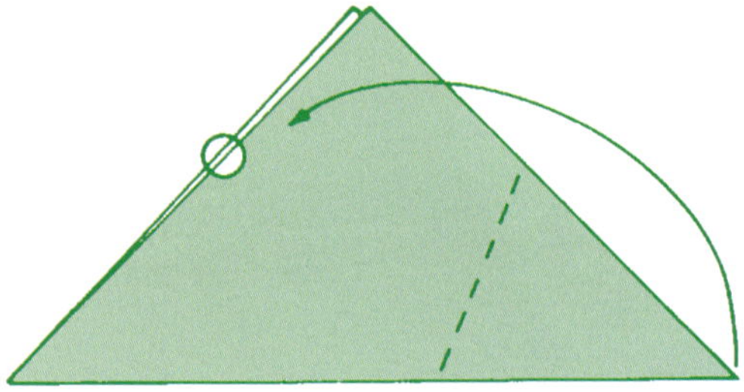

4–5 Die vordere obere Spitze an der gestrichelten Linie nach unten falten und in die Lasche der nach links gefalteten Spitze stecken. Wenden.

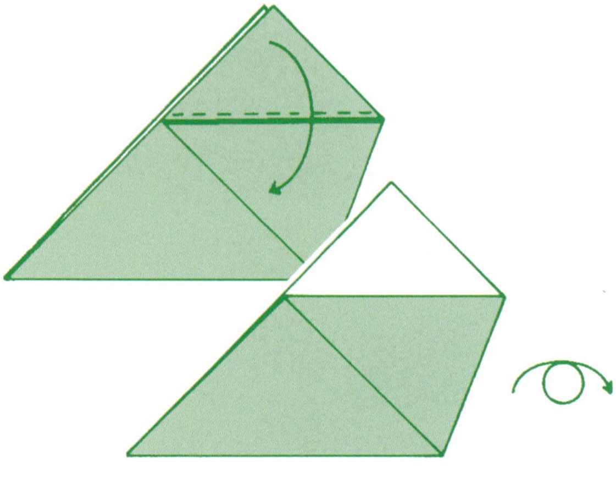

6 Die rechte Spitze an der gestrichelten Linie nach links falten.

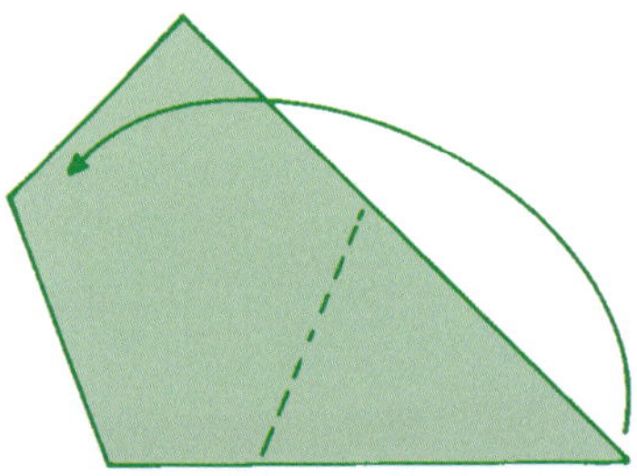

7–8 Die obere Spitze nach unten falten und in die Lasche der nach links gefalteten Spitze stecken.

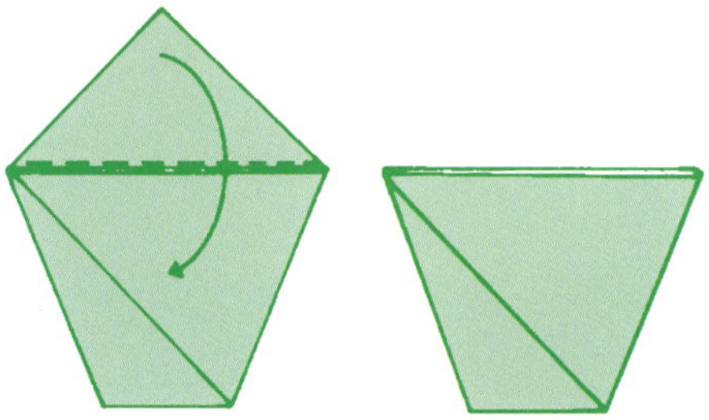

Tipp

Der Becher kann auch zu einem Geschicklichkeitsspiel umfunktioniert werden. Dazu einfach den Becherrand mit einer Lochzange einmal lochen und einen 30 cm bis 40 cm langen Faden anknoten, an dessen anderem Ende eine Holzperle, ø 1 cm oder 1,5 cm, angebracht ist. Die Holzperle hochwerfen und mit dem Fangbecher auffangen. Man kann den Schwierigkeitsgrad erhöhen, indem man einen kleineren Becher faltet und den Faden verlängert.

Sternkörbchen

1 Das Papierquadrat zuerst zweimal auf die Hälfte falten (Strichpunktlinien) und öffnen, dann wenden, zweimal diagonal falten (gestrichelte Linien) und öffnen.

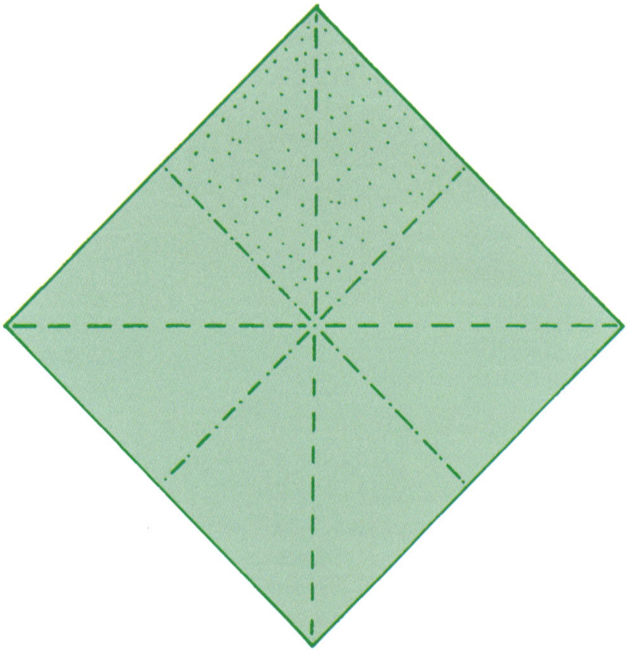

2 Das kleine Quadrat falten. (Die gepunktete Fläche des großen Quadrats entspricht der gepunkteten Fläche des kleinen Quadrats.)

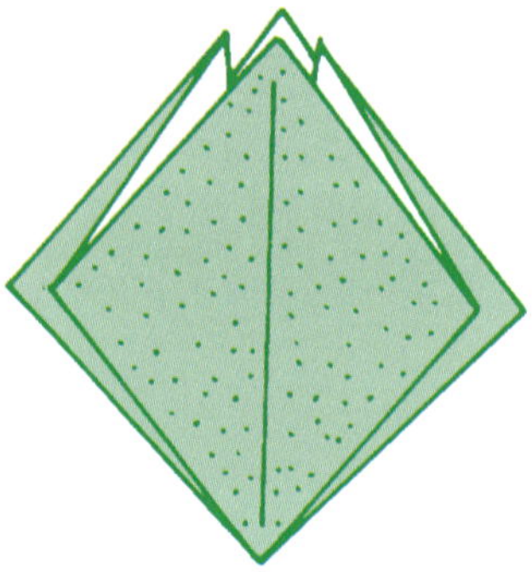

3 Die beiden vorderen Seitenflügel an den gestrichelten Linien zur Mitte falten.

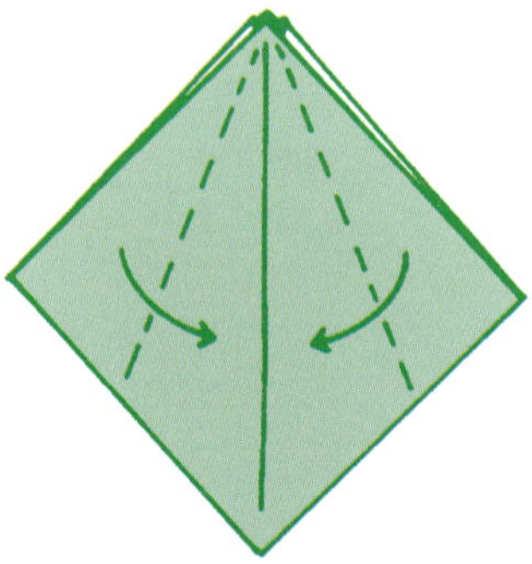

4–5–6 Die nach innen gefalteten Seitenflügel aufstellen, aufspreizen und glatt streichen. Es entstehen zwei kleine Drachenformen. Wenden.

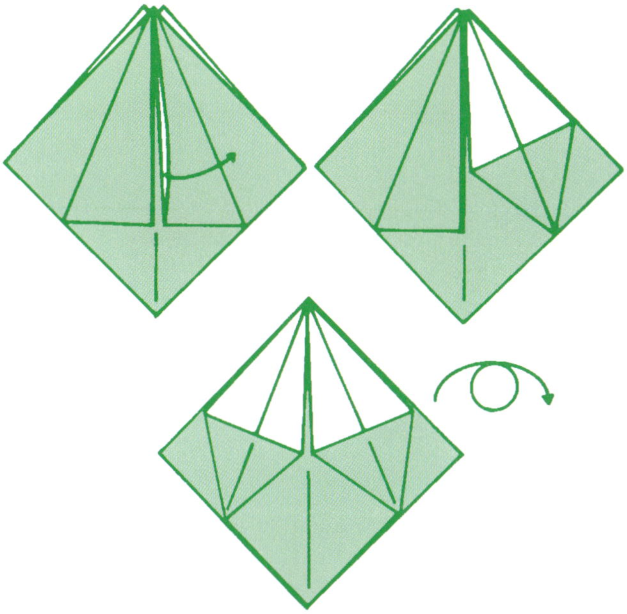

7 Die Arbeitsschritte 3 bis 6 wiederholen. Es entsteht Zeichnung 7. Den linken vorderen Flügel an der gestrichelten Linie nach rechts klappen.

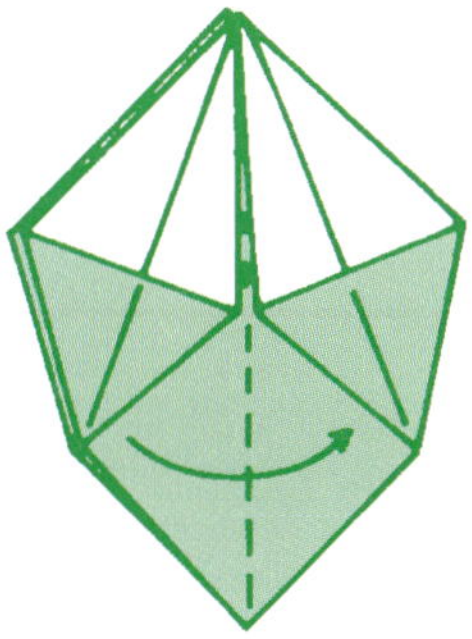

8–9 Die vorderen Flügel an beiden Seiten an den gestrichelten Linien nach innen klappen. Wenden. Dann die Arbeitsschritte 7 und 8 wiederholen. Es entsteht Zeichnung 10.

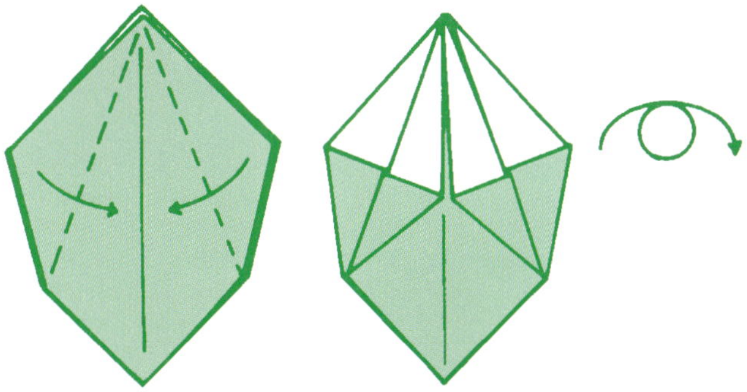

10–11 Die vordere Spitze an der gestrichelten Linie nach unten falten, wenden und die gegenüberliegende Spitze nach unten falten.

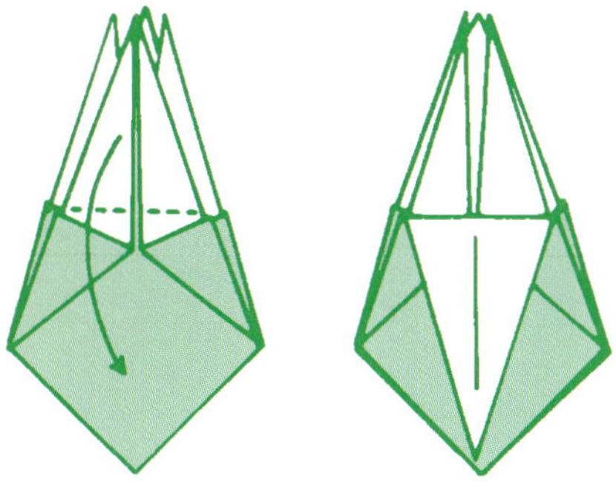

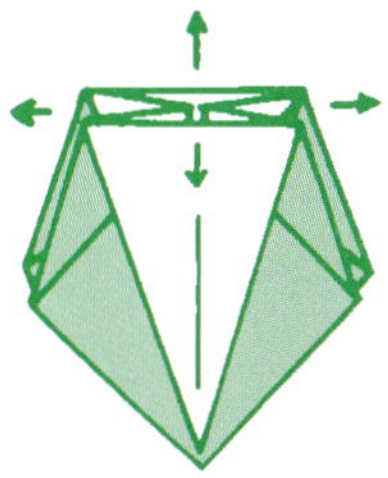

12 Mit den beiden seitlichen Spitzen ebenso verfahren. Den oberen Körbchenrand vorsichtig in vier Richtungen aufspreizen. Anschließend das Körbcheninnere dehnen, bis der Boden flach wird.

Tipp

Die Körbchen sind hübsche Geschenkverpackungen für süße Kleinigkeiten.

Kästchen mit Füßen

1 Das Papierquadrat an den gestrichelten Linien auf die Hälfte falten und wieder öffnen.

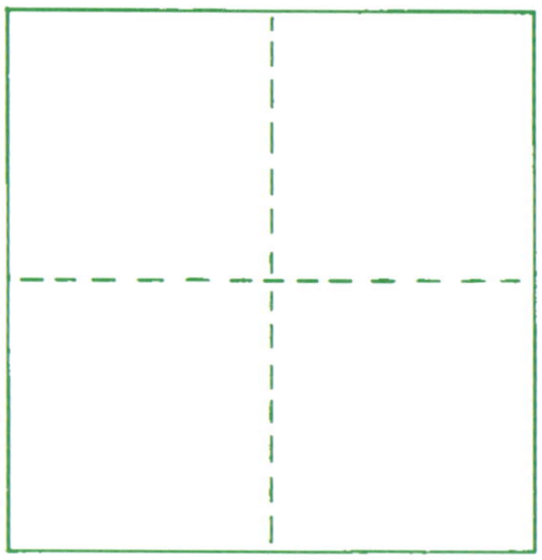

2 Die Ecken an den gestrichelten Linien zur Mitte falten.

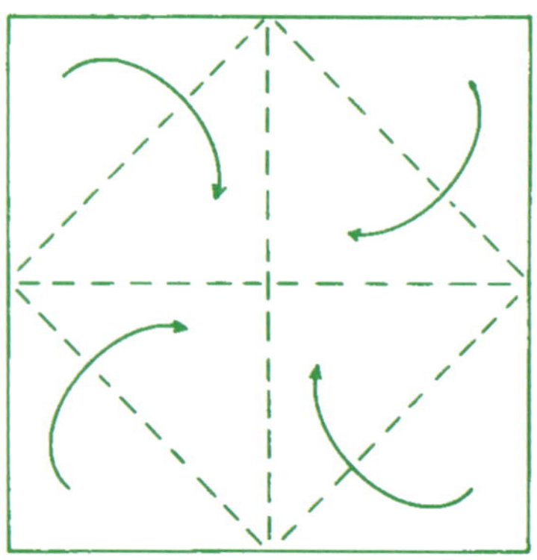

3–4 Das entstandene kleinere Quadrat an den Strichpunktlinien nach hinten und wieder nach vorne falten.

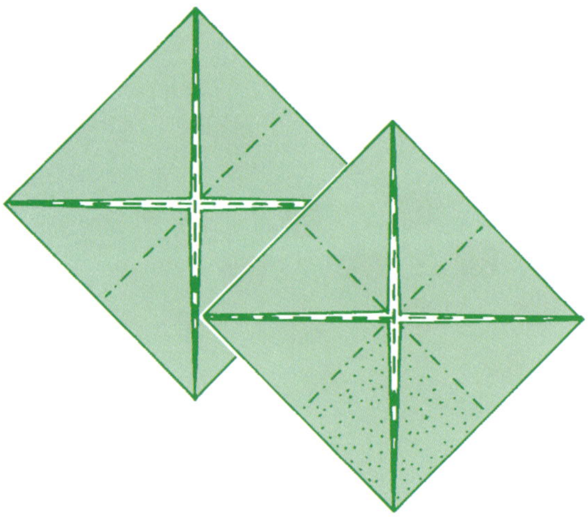

5–6 Wenn nun dieses Quadrat zu einem kleineren Quadrat (gepunktete Fläche) gefaltet wird, wird der Mittelpunkt des großen Quadrats zur oberen Ecke des kleinen Quadrats. Die untere Ecke an der gestrichelten Linie nach oben und wieder nach unten falten.

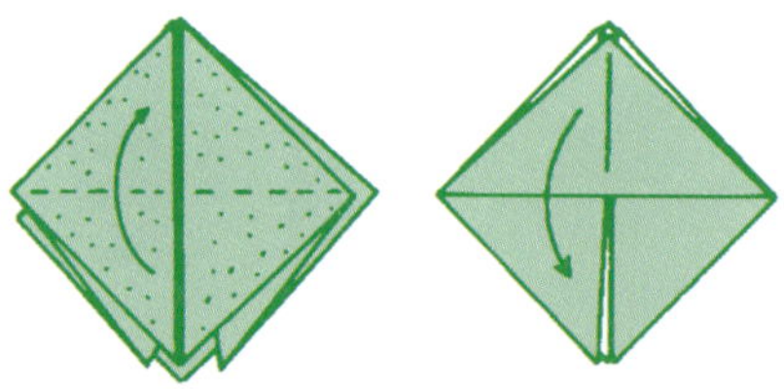

7–8 Den senkrechten Spalt in der Mitte vorsichtig zu den Seiten hin weiten und gleichzeitig die untere Ecke nach oben klappen und dann glatt streichen. Wenden und die Rückseite ebenso falten.

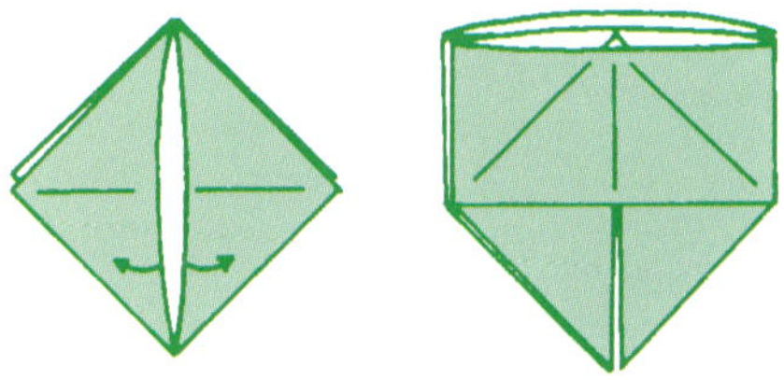

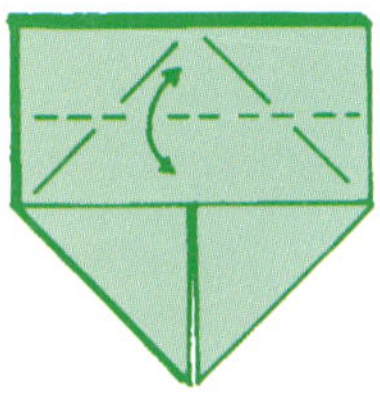

9 Den oberen Randstreifen an der gestrichelten Linie nach unten und wieder nach oben falten.

10 Die beiden oberen Ecken an den gestrichelten Linien nach unten und wieder nach oben falten.

11 Die vordere obere Tasche nach unten klappen und glatt streichen. Wenden und die Rückseite ebenso falten.

12–13 Den vorderen rechten Flügel an der senkrechten gestrichelten Linie nach links falten. Wenden und wiederholen.

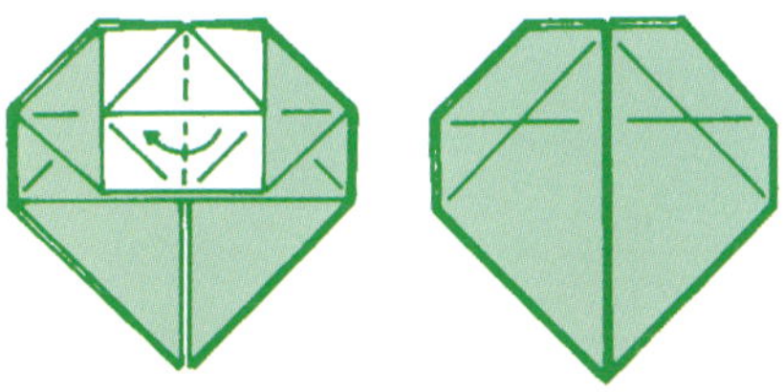

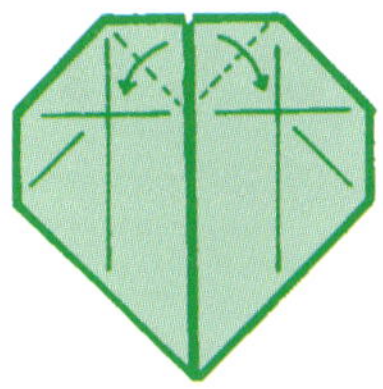

14 Die beiden oberen Ecken an den gestrichelten Linien nach unten falten. Wenden und die Rückseite ebenso falten.

15–16 Die beiden Seiten an den senkrechten gestrichelten Linien zur Mitte falten. Wenden und die Rückseite ebenso falten. Das Ganze um 180° drehen.

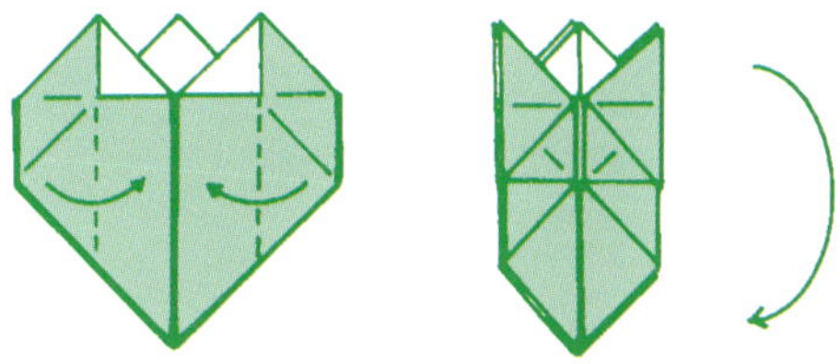

17–18 Die vordere obere Ecke an der gestrichelten Linie nach unten falten. Wenden und die Rückseite ebenso falten. Das Kästchen vorsichtig öffnen.

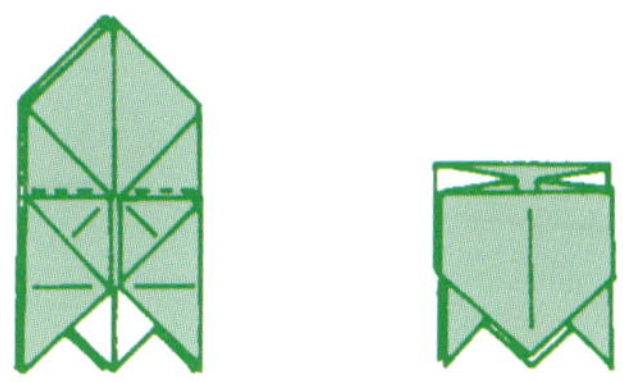

Tipp

Sie können die Seitenflügel nach Belieben öffnen oder nach oben klappen.

Faltschachtel

1 Das Papierquadrat zweimal diagonal falten und öffnen.

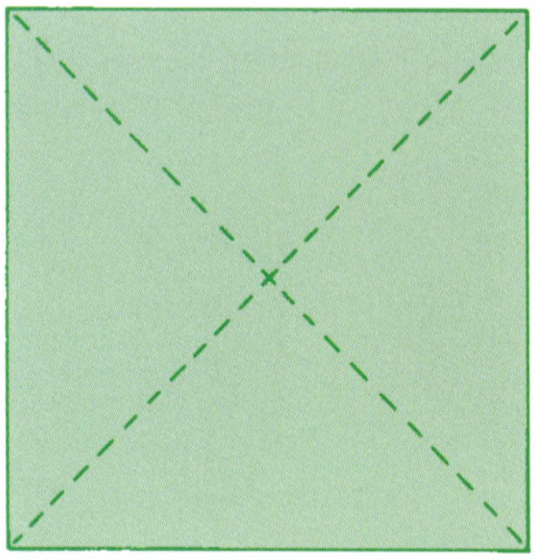

2 Die Ecken an den gestrichelten Linien zur Mitte falten.

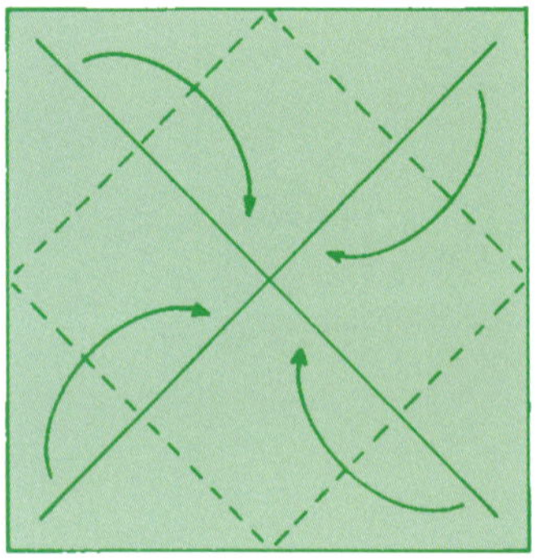

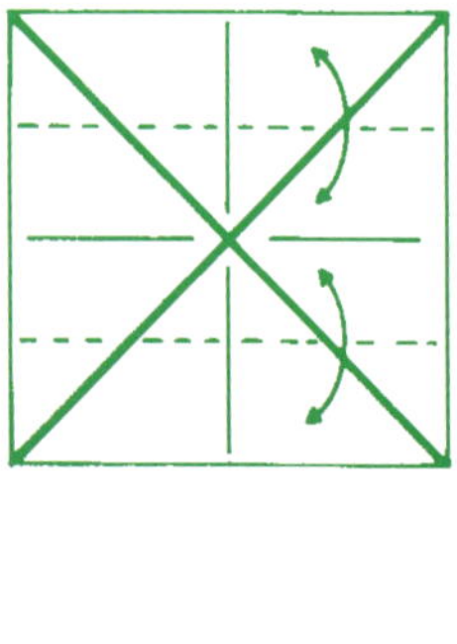

3 Den oberen und unteren Rand an den gestrichelten Linien zur Mitte falten und wieder öffnen.

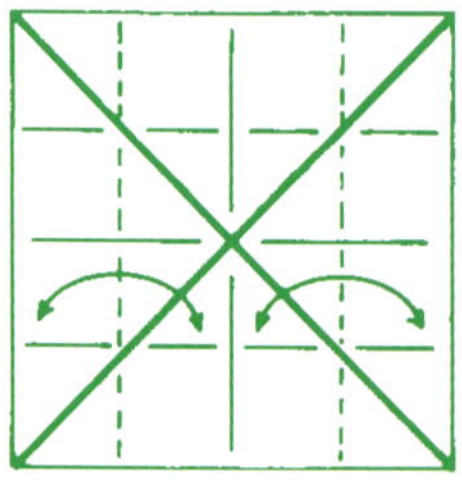

4 Den linken und den rechten Rand zur Mitte falten und wieder öffnen.

5–6 Die Figur an der Strichpunktlinie nach hinten und wieder nach vorne falten.

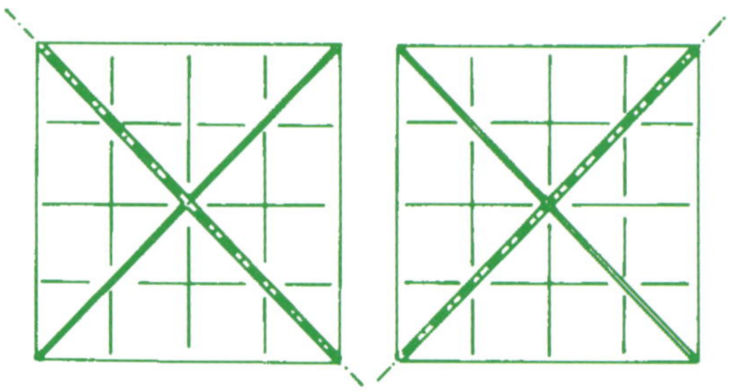

7 Das linke und das rechte Dreieck von der Mitte nach außen falten.

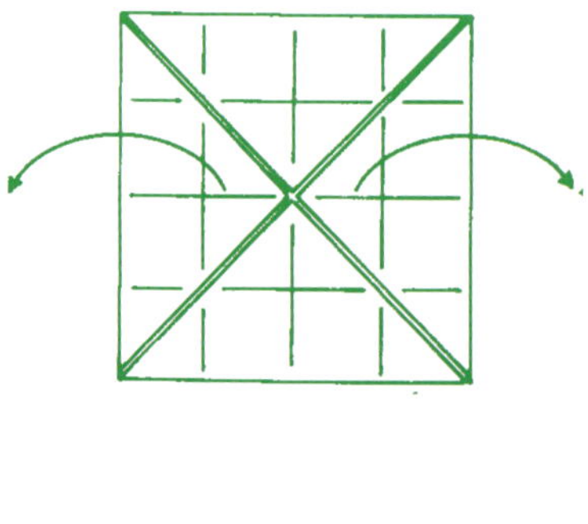

8 Den oberen und den unteren Rand an den gestrichelten Linien nach innen falten und dann senkrecht aufstellen.

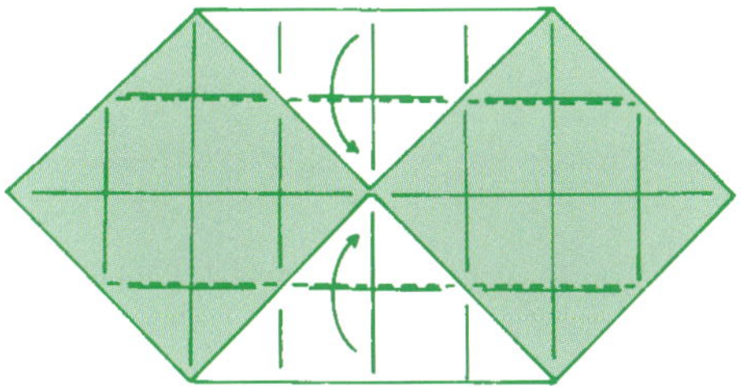

9–10 Auf der rechten Seite die beiden Ecken in Richtung der kurzen Pfeile nach innen klappen und gleichzeitig die rechte Spitze nach oben und dann zur Schachtelmitte falten.

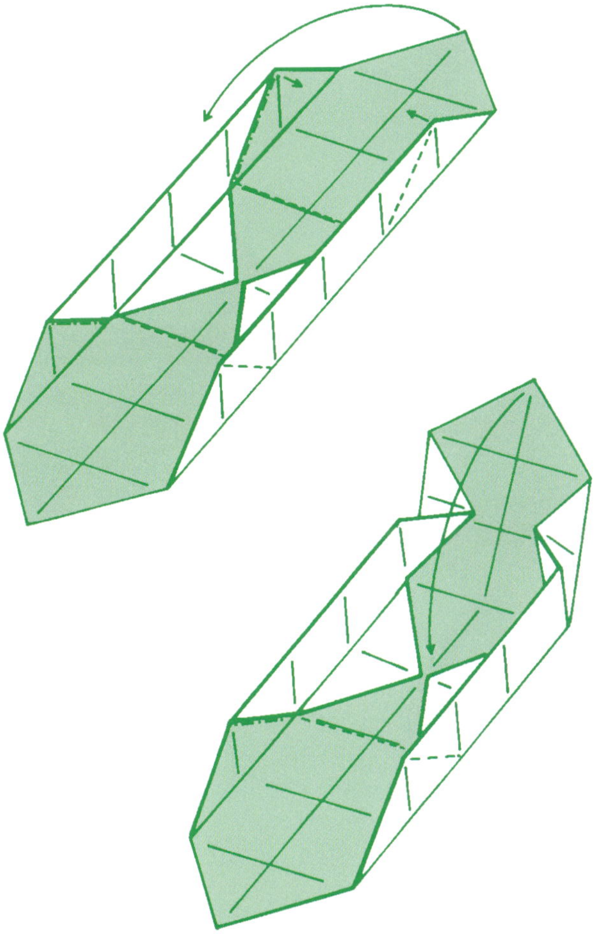

11 Die andere Seite ebenso zur Mitte falten.

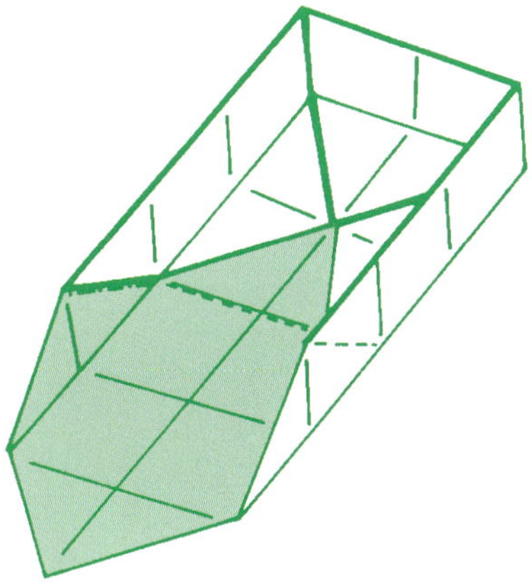

Tipp

Arbeiten Sie Schachteln in verschiedenen Größen, aber aus dem gleichen Papier, so bekommen Sie ein hübsches Ordnungssystem für allerlei Kleinkram wie Büroklammern, Nähzeug, Stecknadeln, Knöpfe etc.

Faltschachtel mit schrägen Wänden

1 Das Papierquadrat zuerst zweimal auf die Hälfte falten (Strichpunktlinien) und öffnen. Dann wenden, zweimal diagonal falten (gestrichelte Linien) und öffnen.

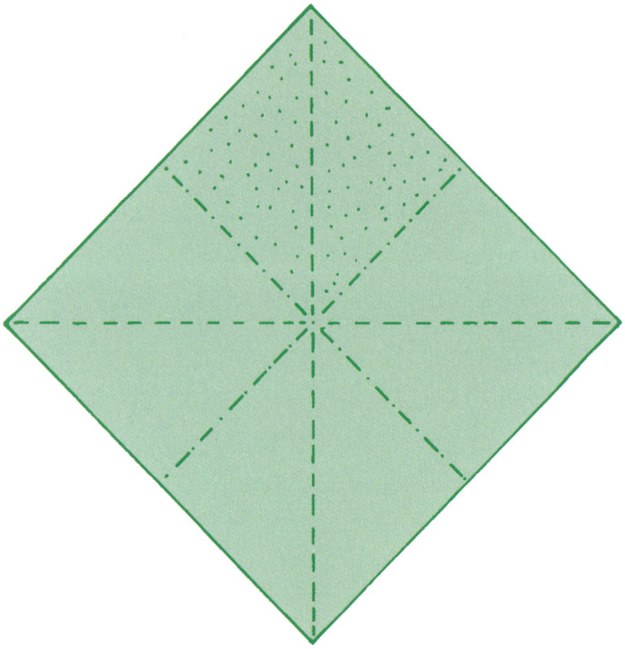

2 Das kleine Quadrat falten. (Die gepunktete Fläche des großen Quadrats entspricht der gepunkteten Fläche des kleinen Quadrats.)

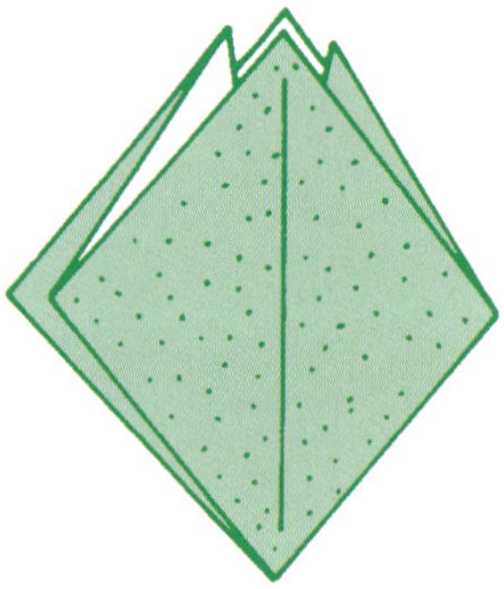

3 Die vordere obere Spitze an der gestrichelten Linie nach unten falten.

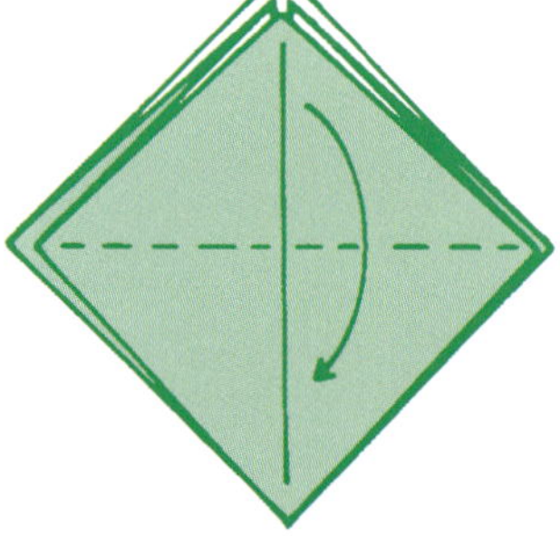

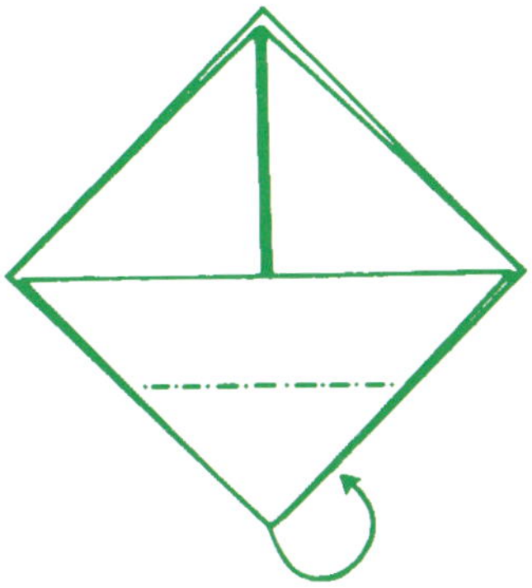

4 Die Dreiecksspitze an der gestrichelten Linie nach hinten bzw. nach oben falten. Wenden und die Rückseite ebenso falten, also die Arbeitsschritte 3 und 4 wiederholen.

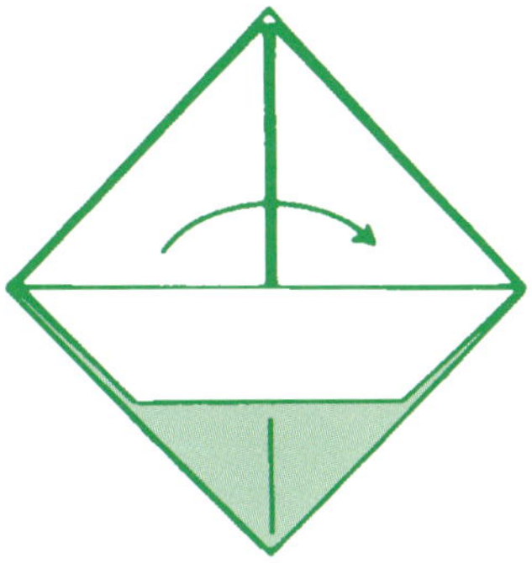

5 Den vorderen Seitenflügel nach rechts umklappen.

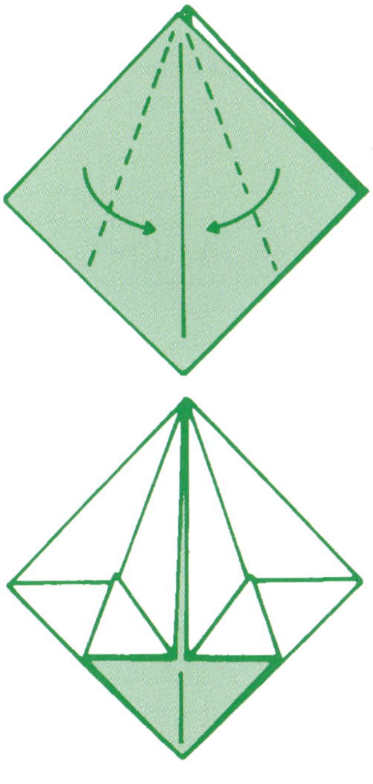

6–7 Die vorderen Seitenflügel an den gestrichelten Linien zur Mitte falten. Wenden und die Rückseite ebenso falten.

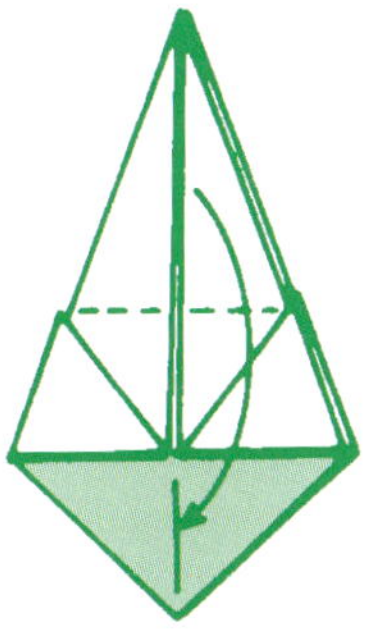

8 An der entstandenen Drachenform die vordere Spitze an der gestrichelten Linie nach unten falten. Wenden und ebenfalls die Spitze nach unten falten.

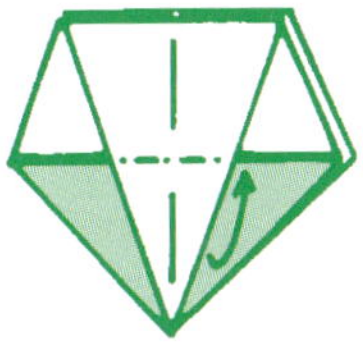

9 Die Spitze an der Strichpunktlinie nach hinten falten und einstecken. Die Rückseite ebenso falten.

10 Den oberen Körbchenrand vorsichtig öffnen und das Körbcheninnere weiten. Die gepunktete Linie markiert den Körbchenboden.

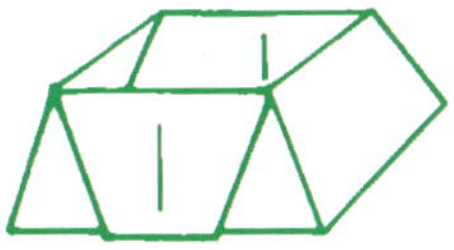

11 Die beiden Dreiecke an den Seiten können noch nach unten geklappt werden.

Tipp

Durch die schrägen Seitenwände wirkt diese Schachtel besonders elegant. Um diesen Eindruck noch zu unterstreichen, wählen Sie am besten geschmackvoll gemustertes Papier aus.

Umschlag 1

1 Den Papierbogen, A4, an der gestrichelten Linie falten und wieder öffnen.

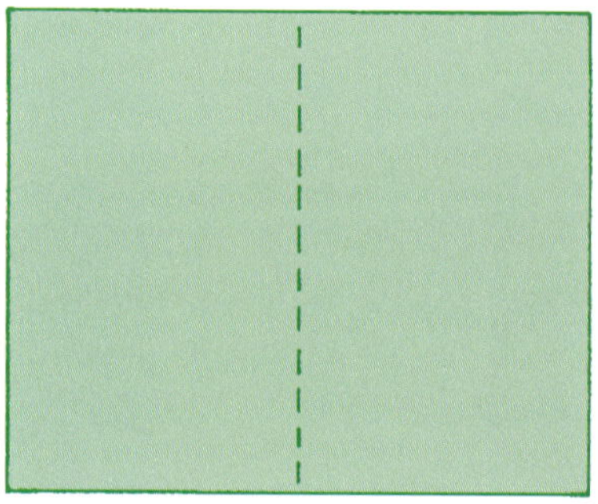

2 Die beiden Ecken an den gestrichelten Linien zur Mitte falten.

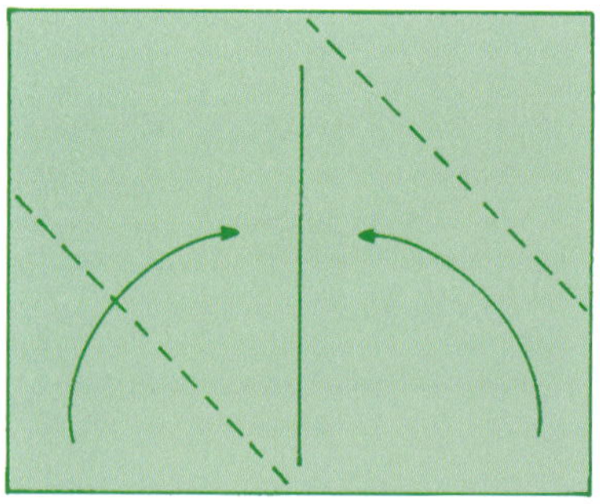

3 Die beiden Randstreifen an den gestrichelten Linien nach innen falten.

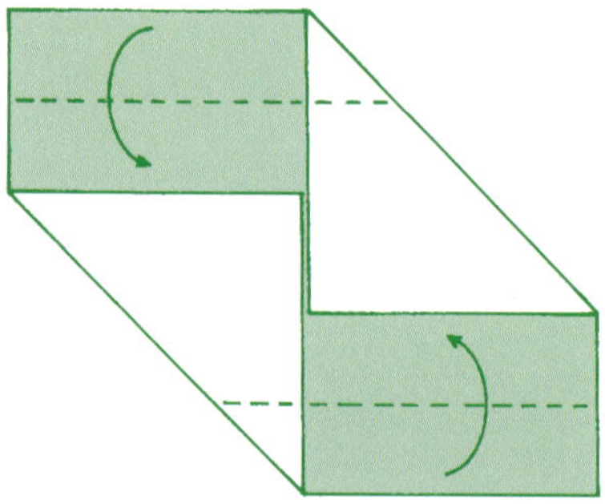

4–5 Die Ecken an den gestrichelten Linien nach innen falten und an den gepunkteten Linien unterschieben. Es entsteht ein fast rechteckiger Umschlag.

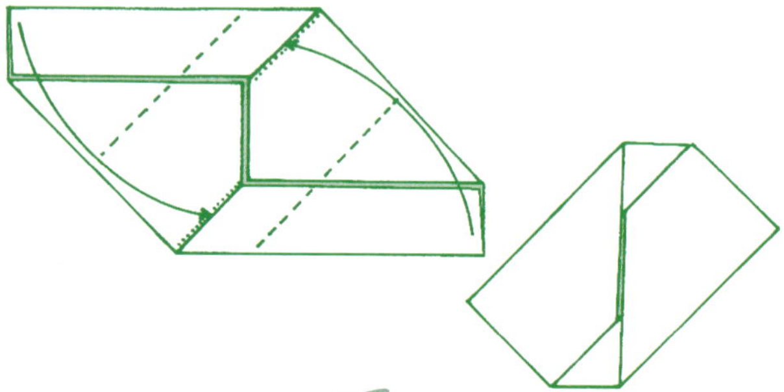

Tipp

Schreiben Sie den Brief direkt auf den Bogen, den Sie zum Umschlag falten. Haben Sie die Falzkanten gut gearbeitet, bleibt der Bogen auch ohne Klebefilm geschlossen.

Umschlag 2

1 Den rechteckigen Bogen, z. B. 18 cm x 27 cm, längs in der Mitte falten und wieder öffnen (lang gestrichelte Linie). Die beiden Seiten an den kurz gestrichelten Linien zur Mitte falten.

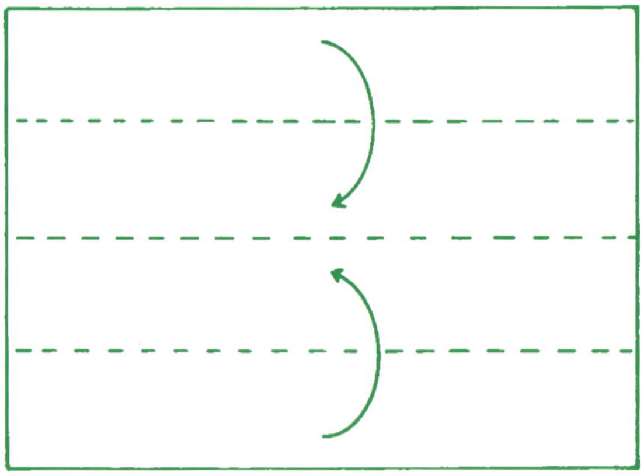

2 Die beiden gegenüberliegenden Ecken an den gestrichelten Linien falten.

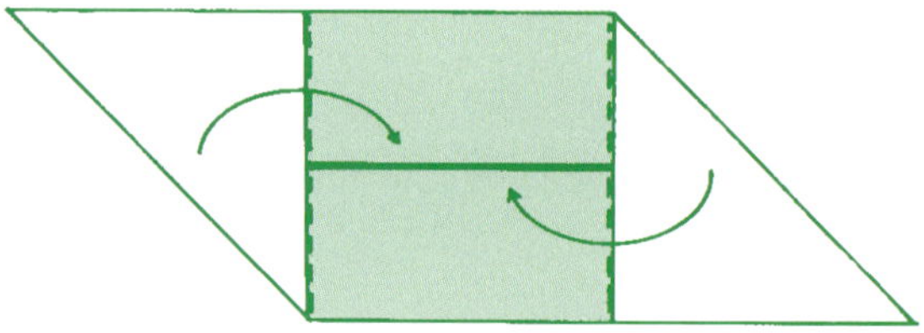

3 Die entstandenen Ecken an den gestrichelten Linien so zur Mitte falten, dass sich ihre Ränder berühren.

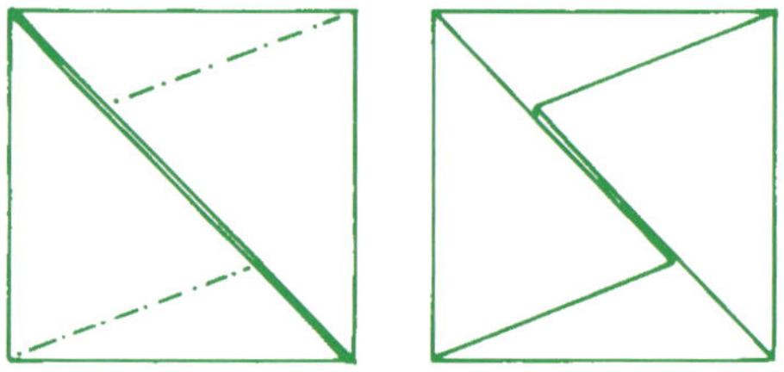

4–5 Die Spitzen der zur Mitte gefalteten Ecken an den Strichpunktlinien nach unten umklappen. Dadurch befinden sich die umgeklappten Spitzen jeweils unter der gegenüberliegenden Seite und verschließen so den Umschlag.

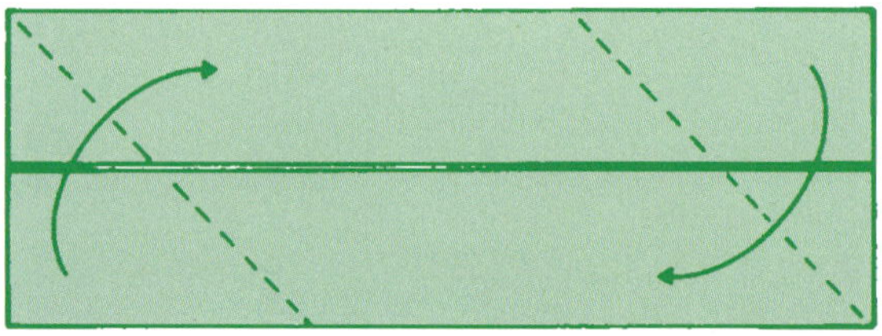

Tipp

Wichtig ist das Seitenverhältnis des Papiers: Es muss zwei Drittel zu drei Drittel betragen, also z. B. 20 cm x 30 cm, 10 cm x 15 cm oder 18 cm x 27 cm.

Wie hier aus edlem Papier mit Krokolederprägung gearbeitet, wirkt der Umschlag wie ein echtes Portemonnaie.

Umschlag 3

1 Das Papierrechteck, A4, längs an der gestrichelten Linie auf die Hälfte falten und wieder öffnen. Die Ecken an den gestrichelten Linien zur Mitte falten.

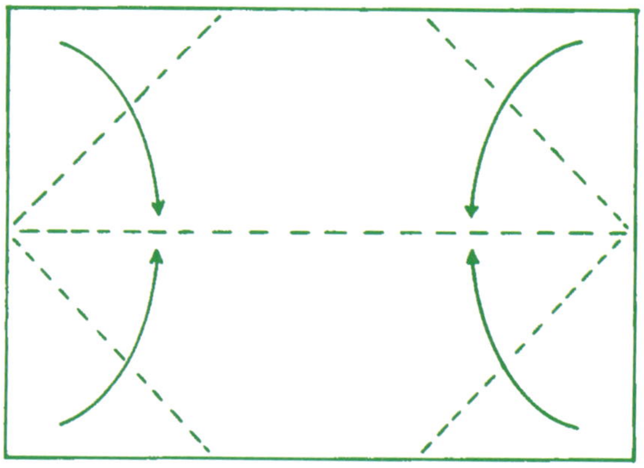

2 Die untere Seite an der gestrichelten Linie nach oben falten, dabei sollte der nach oben gefaltete Rand ca. 3 cm über die Mittellinie ragen.

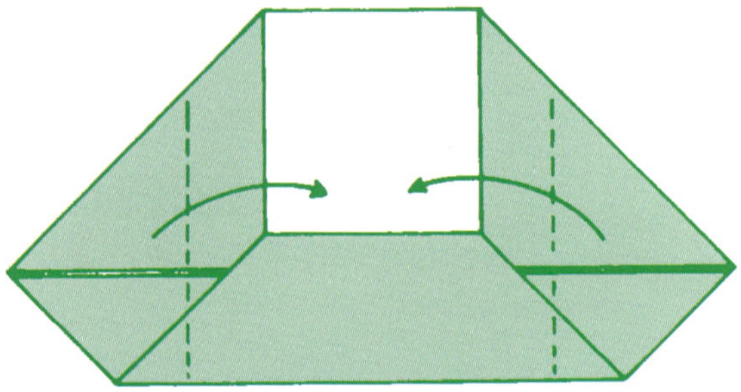

3 Die beiden seitlichen Ecken an den gestrichelten Linien so zur Mitte falten, dass sich ihre Spitzen berühren.

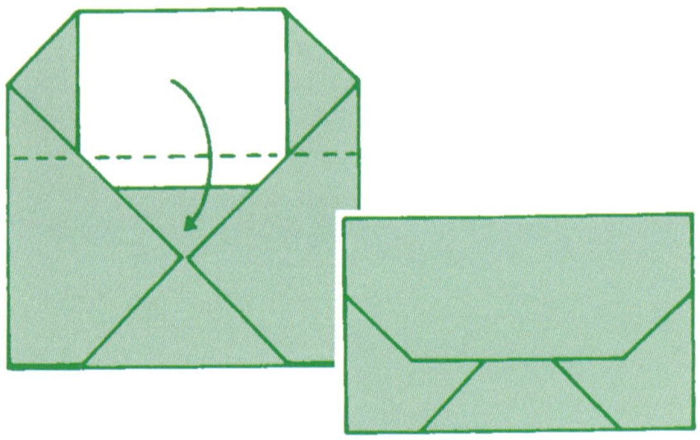

4–5 Die obere Seite an der gestrichelten Linie nach unten falten.

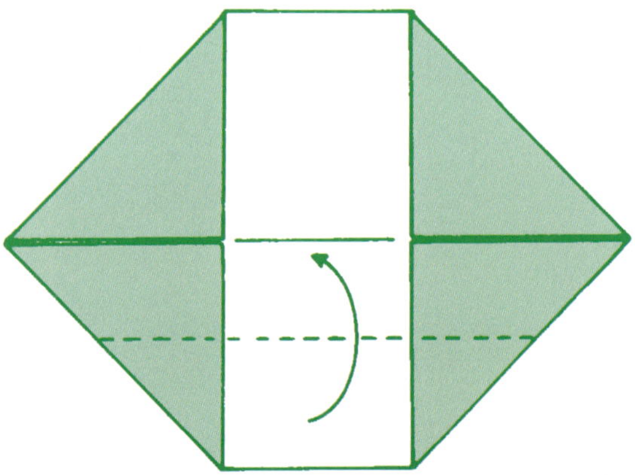

Tipp

Im Handel gibt es sehr edle Papiere wie diese Faserseide mit Gold- oder Silberornamenten. So können Sie geschmackvolle Kuverts falten, in denen Sie beispielsweise ein Geldgeschenk zu einer Hochzeit verschenken können.

Doppeltäschchen

1 Das Papierrechteck, z. B. A4, zuerst längs in der Mitte und dann quer dazu in der Mitte falten. Wieder öffnen. Nun die beiden Seiten zur Mitte falten.

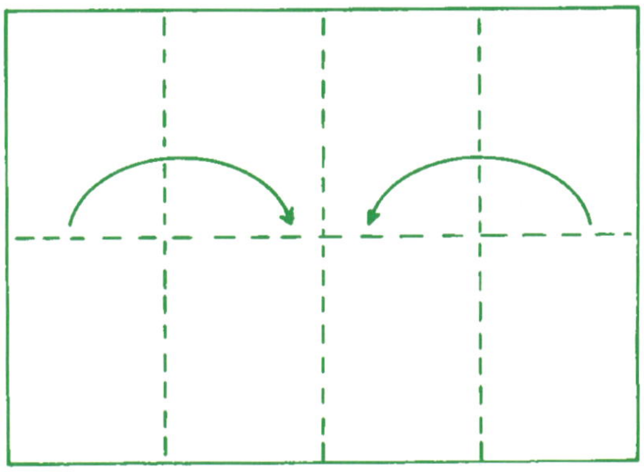

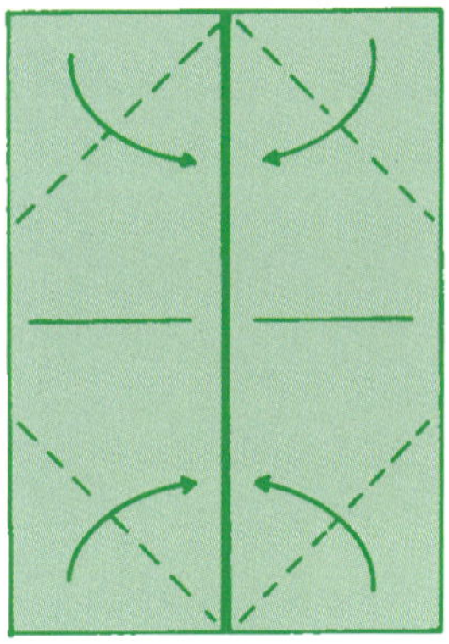

2–3 Die Ecken an den gestrichelten Linien zur Mitte falten. Wenden.

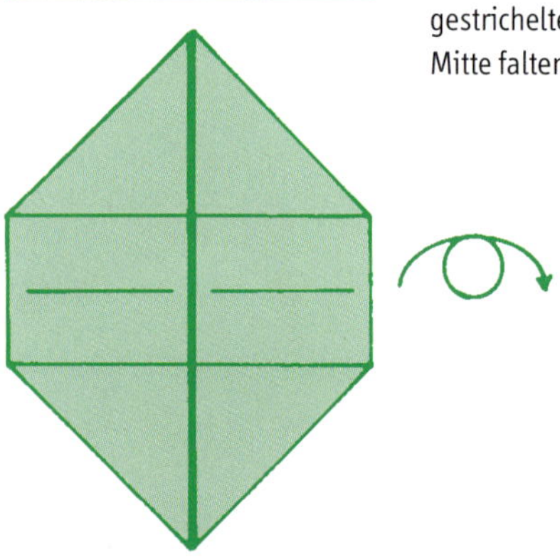

4–5 Die beiden Ecken an den gestrichelten Linien zur Mitte falten. Wenden.

6–7 Das Täschchen an der Strichpunktlinie umklappen.

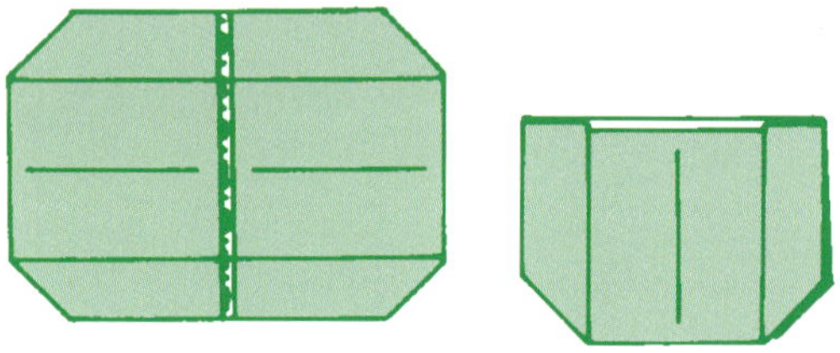

Tipp

Kleine Mädchen haben ihre Freude an diesen schicken Täschchen, in denen sie ihr Kleingeld, ihre Haarspängchen und andere Schätze aufbewahren können.

SCHIFFE

Eine Seefahrt, die ist lustig, eine Seefahrt, die ist schön … Unbenommen ist es einem jeden, zumindest in Gedanken über die Weltmeere zu kreuzen. Ob Fähre, Segelboot, Dampfer oder Fischkutter, hier finden Sie das richtige Schiff. Und aus Aquapapier gefaltet, ist es auch badewannentauglich.

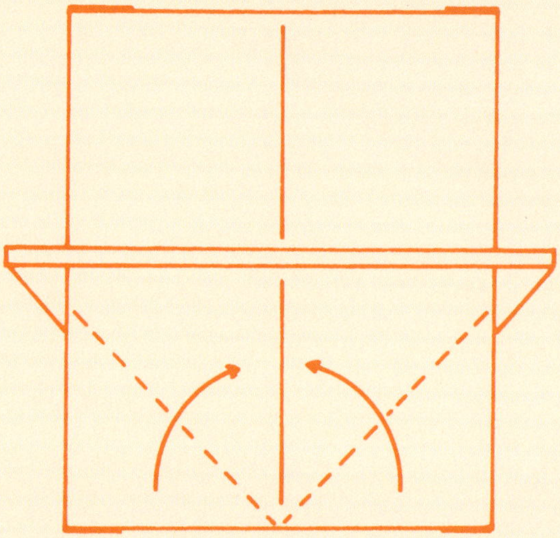

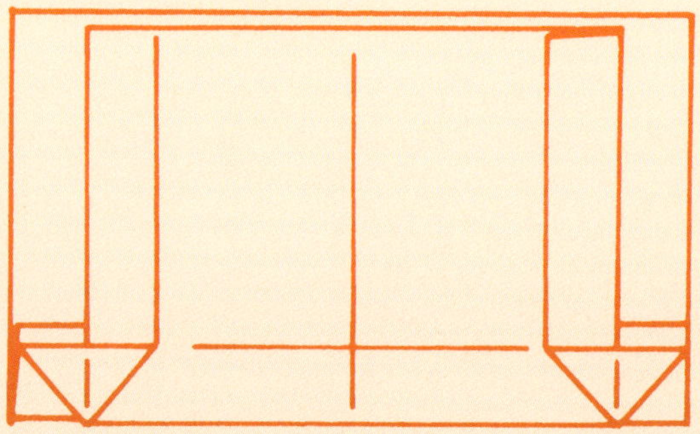

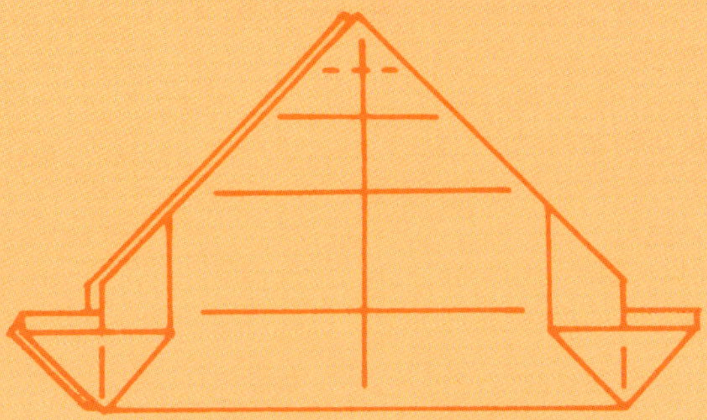

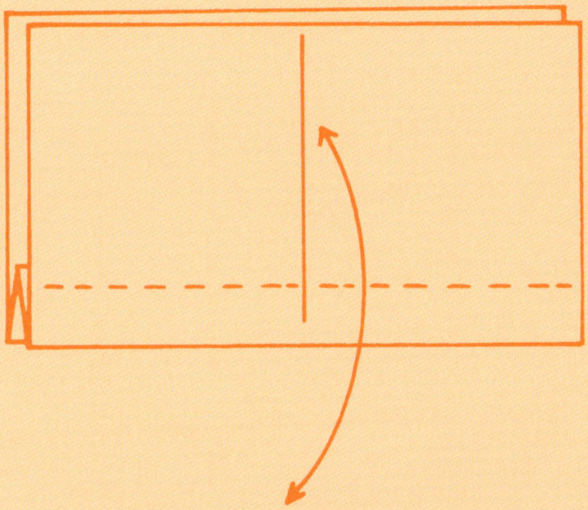

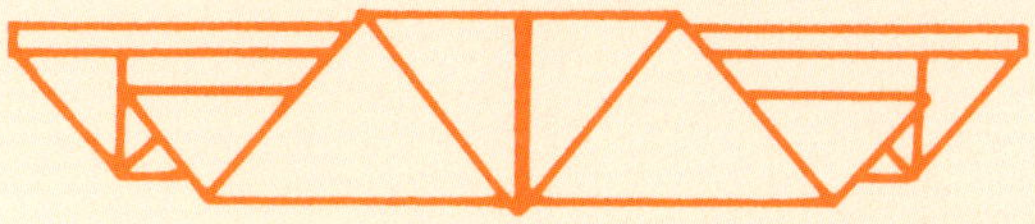

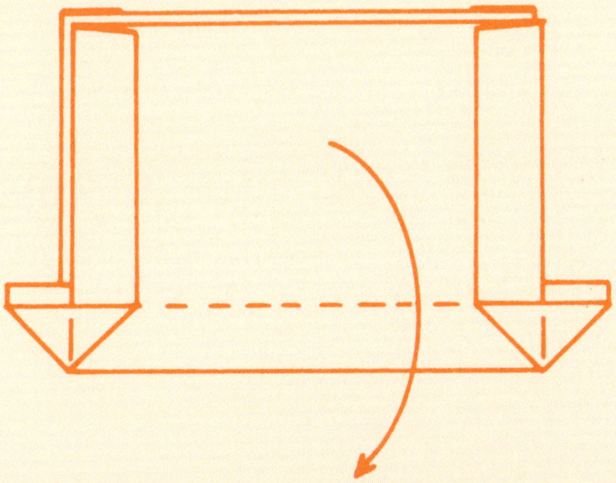

Segelboot

1 Das Papierquadrat diagonal falten.

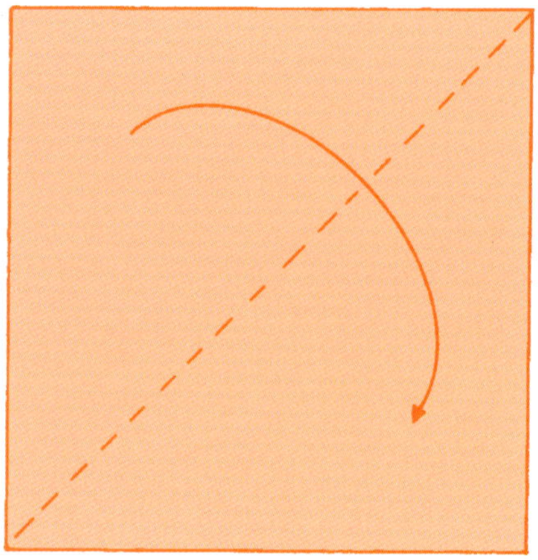

2 Den Bootsrumpf an der gestrichelten Linie nach oben falten.

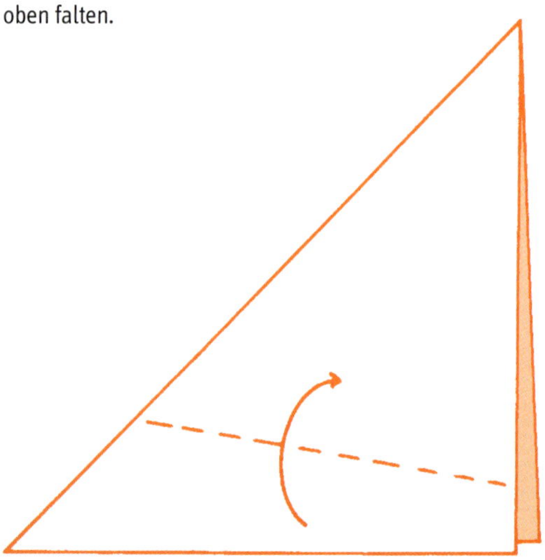

3–4 Den Bootsrumpf wieder nach unten klappen, die Figur öffnen und den Rumpf beidseitig um das Segel falten.

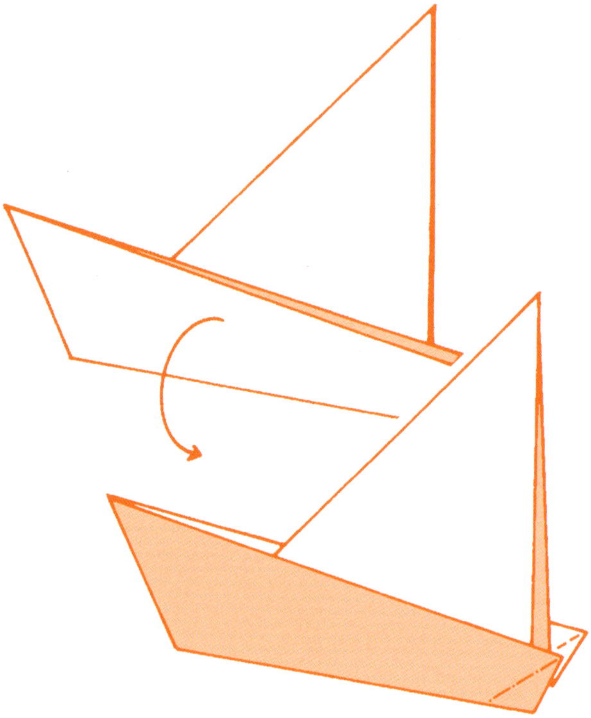

Tipp

Wenn Sie das Segelboot aus schwimmfähigem Aquapapier falten, müssen Sie zusätzlich noch das Heck an der Strichpunktlinie nach innen bzw. nach hinten falten, damit kein Wasser eindringen kann und das Boot zum Sinken bringt.

Schön sehen die Boote auch als Tischkärtchen aus: einfach den Namen auf den Rumpf oder das Segel schreiben. Fertig ist eine nette Tischdeko für Wasserratten und Matrosen.

ALISA
ANKE
LENA
JENS

Dampfer

1 Das Papierquadrat zweimal auf die Hälfte falten und öffnen.

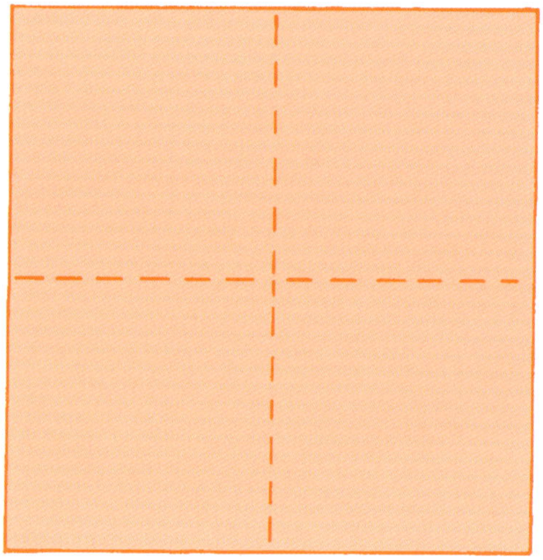

2 Die Ecken an den gestrichelten Linien zur Mitte falten.

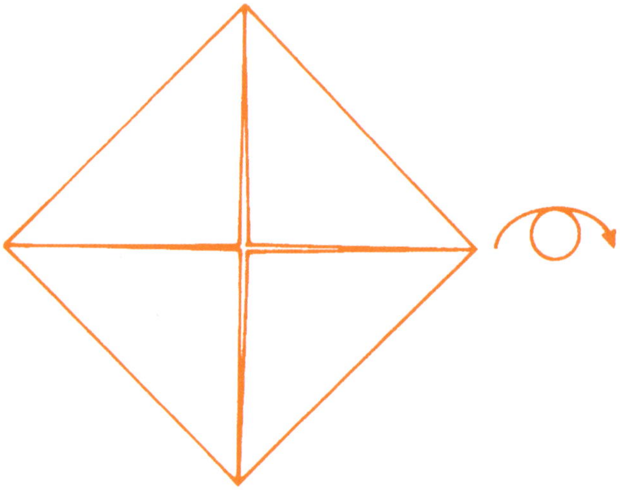

3 Das entstandene Quadrat wenden.

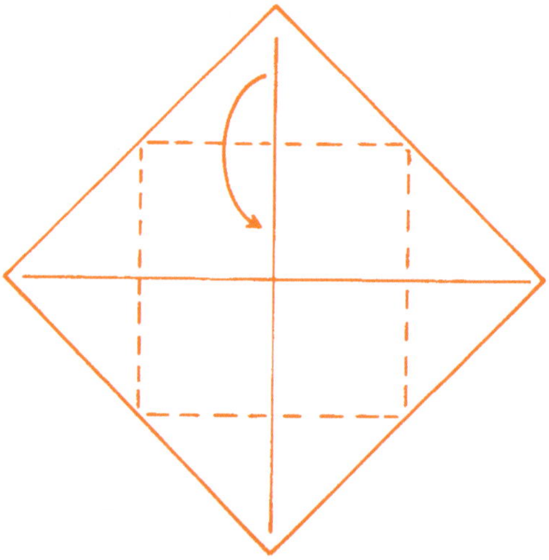

4 Die Ecken an den gestrichelten Linien nach innen falten.

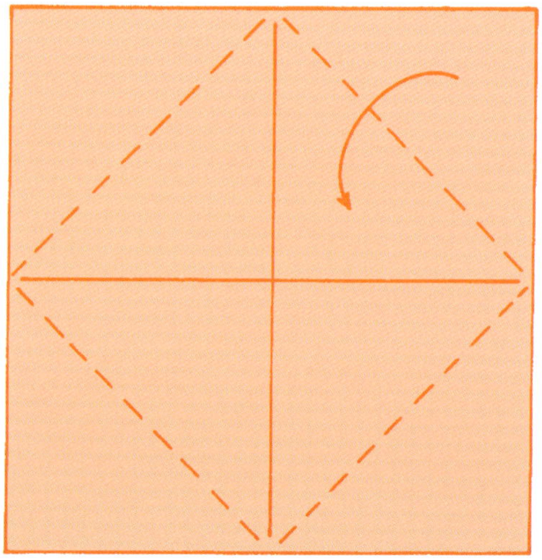

5 Das entstandene Quadrat wenden.

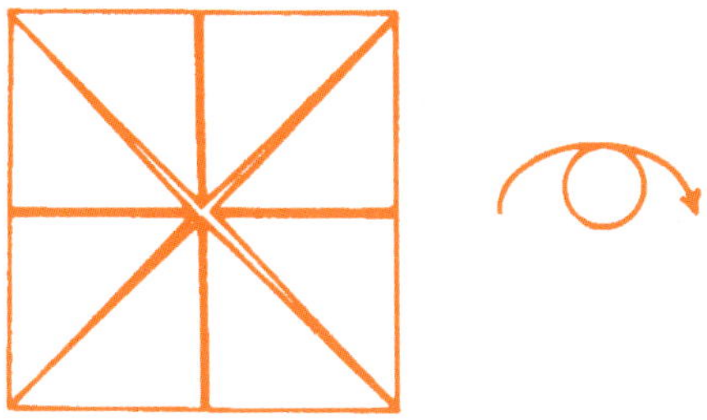

6 Die Ecken an den gestrichelten Linien nach innen falten.

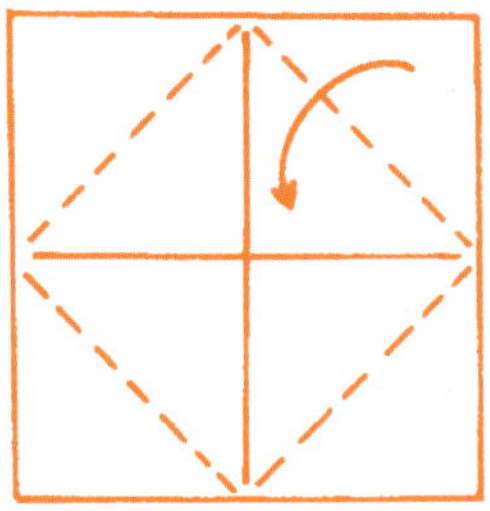

7 Das entstandene Quadrat wenden.

8 Das obere der vier kleinen Quadrate an der Innenseite anheben, damit es sich etwas öffnet, dann nach außen schieben und glatt streichen. Ein Schornstein ist fertig. Auf der gegenüberliegenden Seite ebenso den zweiten Schornstein falten.

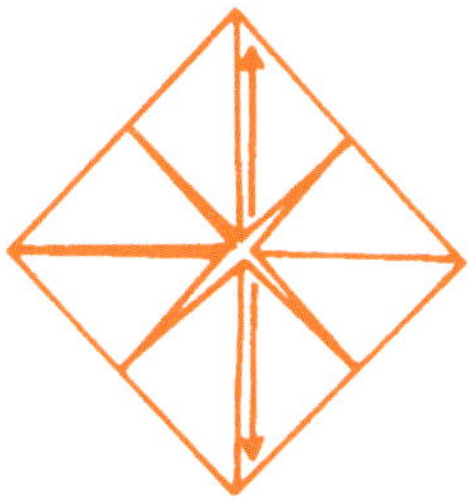

9–10 Nun die beiden restlichen Quadrate nach links bzw. rechts aufklappen.

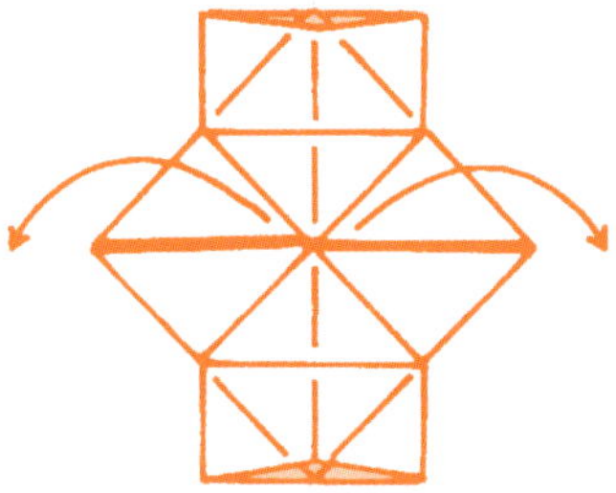

Tipp

In die beiden Schornsteine können Sie Muscheln oder Blümchen stecken. Schon haben Sie ein nettes Gastgeschenk für den Tisch.

Fähre

1 Das Papierrechteck, z. B. 15 cm x 11 cm, längs an der Strichpunktlinie zur Hälfte falten und wieder öffnen. Nun das Papier quer an der zweiten Strichpunktlinie auf die Hälfte falten. Das Papier ca. 1,8 cm von der mittleren Faltlinie an der gestrichelten Linie in entgegengesetzter Richtung falten. Die Rückseite ebenso falten.

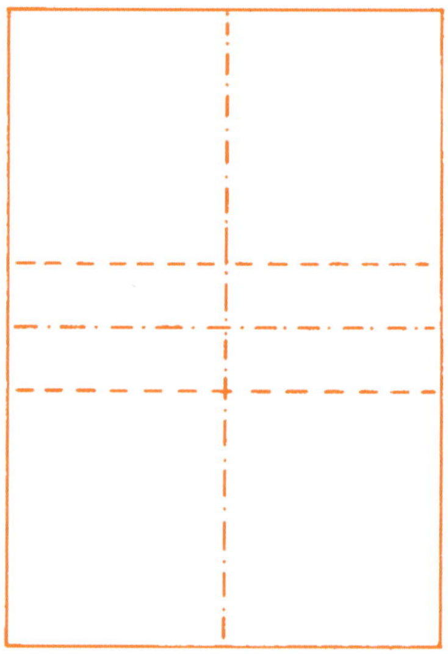

2 Die vordere Seite des gefalteten Bogens ca. 1,5 cm oberhalb der letzen Faltlinie an der gestrichelten Linie nach unten und wieder nach oben falten.

3 Die unteren Ecken an den gestrichelten Linien nach oben und wieder nach unten falten.

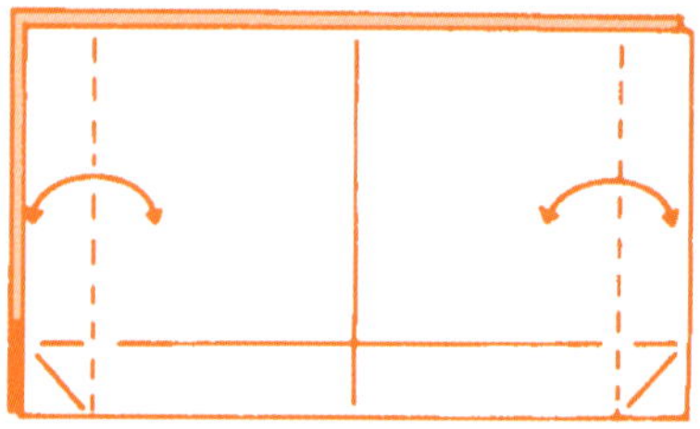

4–5 Die senkrechten Seitenstreifen an den gestrichelten Linien zur Mitte falten, dabei entsteht jeweils unten ein Dreieck, das vorsichtig glatt gestrichen wird.

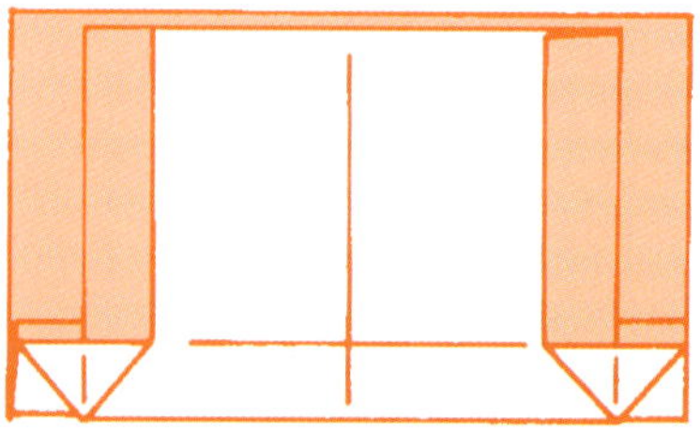

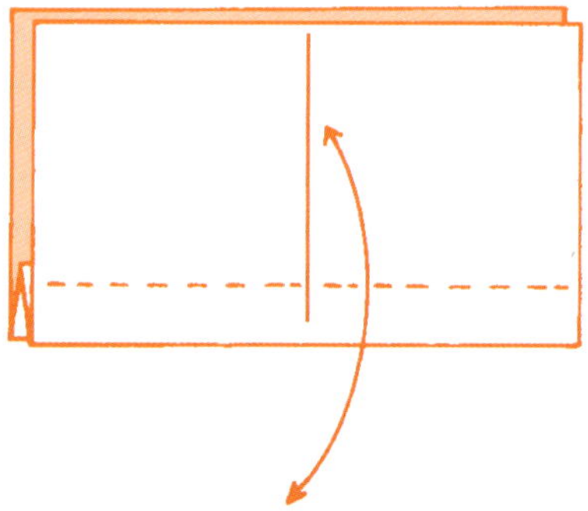

6 Wenden und die Rückseite ebenso falten. Die Vorderseite an der gestrichelten Linie nach unten falten.

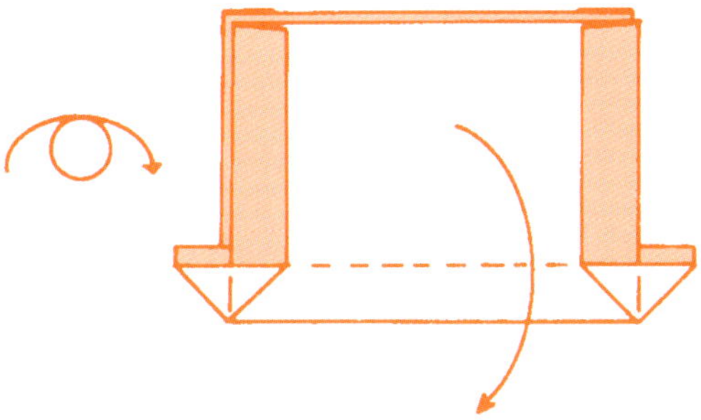

7 Die beiden unteren Ecken an den gestrichelten Linien zur Mitte falten.

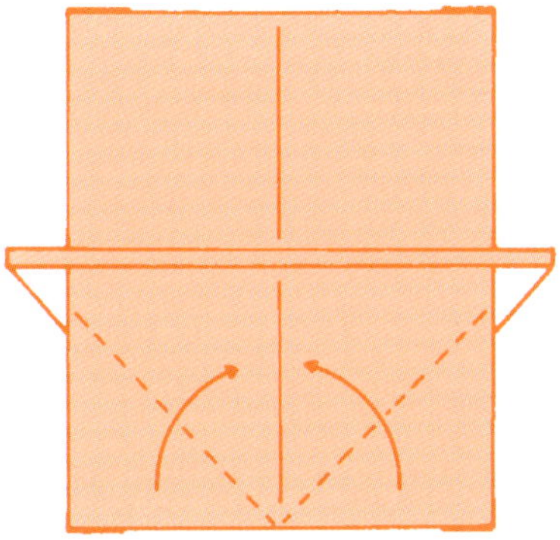

8 Die untere Spitze an der gestrichelten Linie nach oben falten.

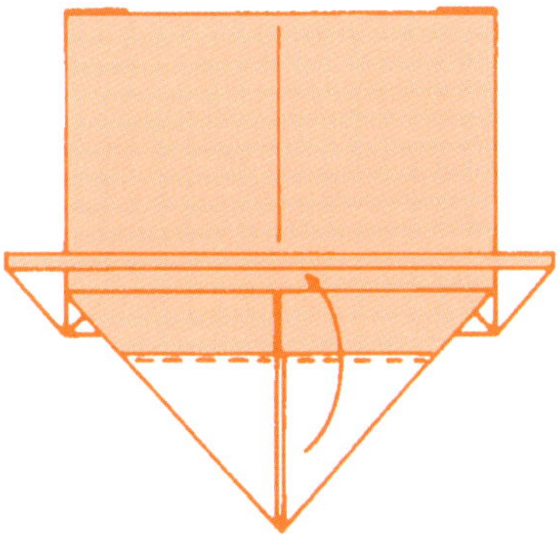

9–10 Die Spitze an der gestrichelten Linie nach unten falten.

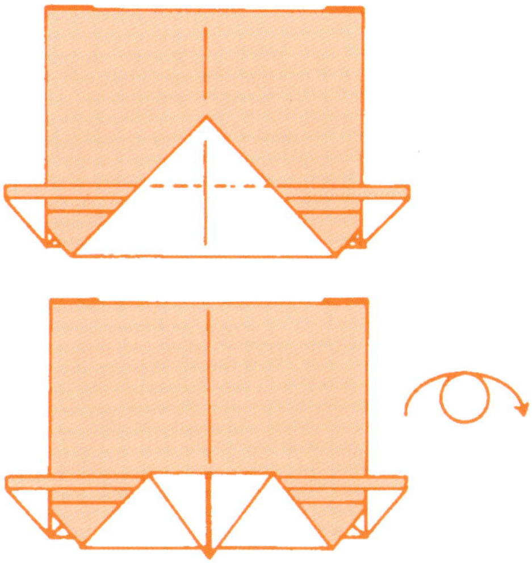

11 Wenden und die Rückseite ebenso falten.

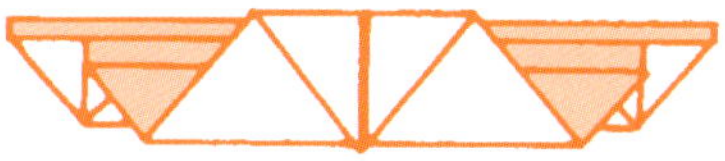

12 Vorder- und Rückseite jeweils nach oben zu einem Dreieck entfalten. 1 cm unterhalb der Spitzen beide Dreiecke an der gestrichelten Linie umklappen. Nun vorsichtig den Schiffsrumpf entfalten.

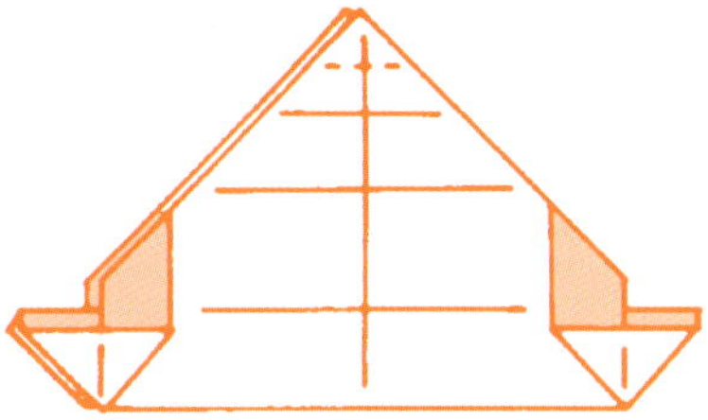

Tipp

Kleine Jungs haben große Freude an den Fähren. Sind sie aus einem stabilen, großen Papierbogen gefaltet, können sie auch wirklich einige kleine Spielzeugautos aufnehmen.

Fischkutter

Der Fischkutter wird aus der Grundform 1, Katamaran, Seite 8, Arbeitsschritte 1 bis 7 gefaltet.

8 Zwei der seitlich heraussstehenden Laschen an den gestrichelten Linien umklappen.

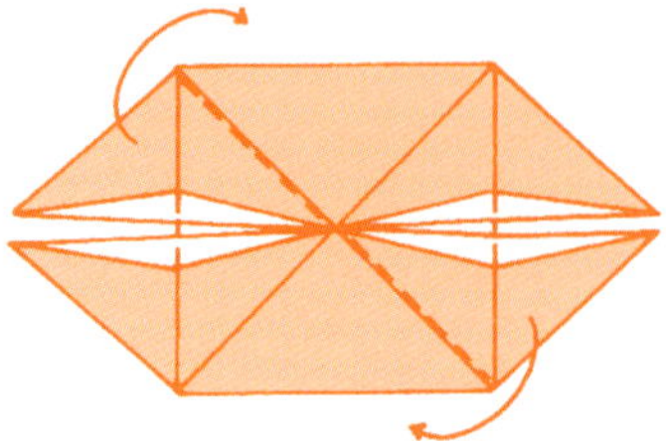

9–10 Das entstandene Windrad an der Strichpunktlinie (diagonale Mittellinie) nach hinten umklappen.

11 Vom entstandenen Rechteck das rechte Dreieck an der gestrichelten Linie nach oben klappen. Auf der linken Seite das auf der Rückseite liegende Dreieck ebenfalls nach oben klappen.

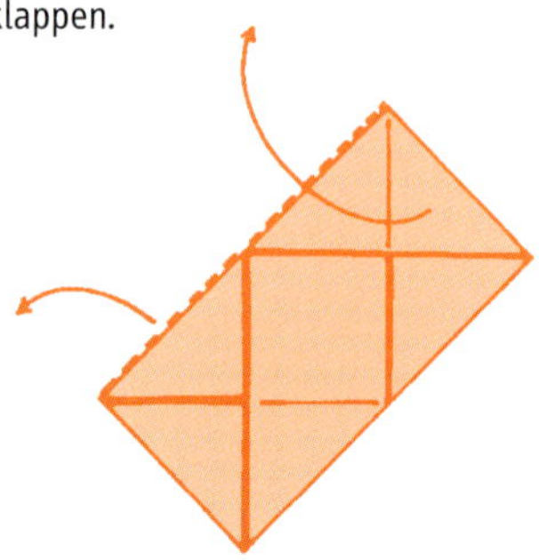

12 Das linke untere Dreieck an der gestrichelten Linie nach rechts klappen.

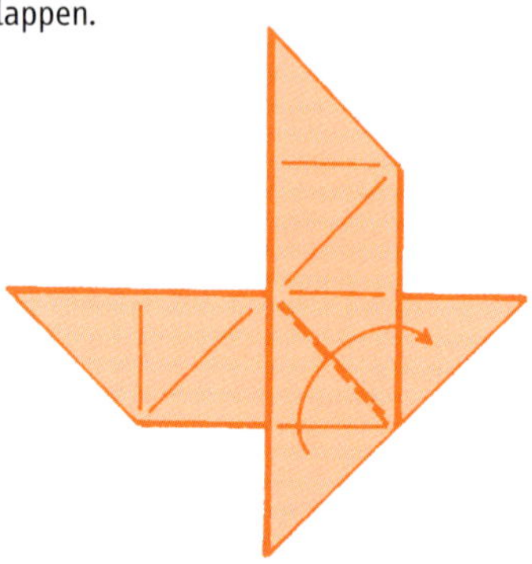

13–14 Den schräg nach oben ragenden Kabinenaufbau an der gestrichelten Linie evtl. mit einer Tütenfalte nach innen falten.

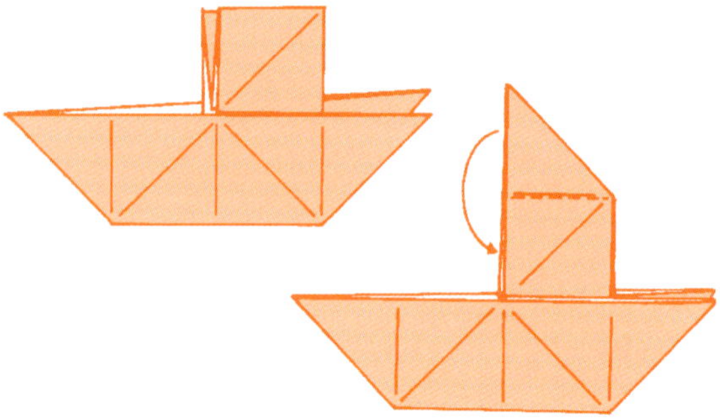

Tipp

Bei Schritt 8 entsteht ein Windrad. Als Dekoration können Sie solch ein Windrad an einem Rundholzstäbchen mit Durchmesser 3 mm befestigen. Dazu eine kleine Holzperle, ø 6 mm oder 8 mm, an einem Drahtende befestigen. Mit einer Nadel ein Loch in die Windradmitte stechen, den Draht durchstecken und um das Stäbchen schlingen.

SCHMÜCKENDES

Die Papierfaltkunst übt auf Menschen seit Jahrhunderten eine große Faszination aus, was gewiss auch daran liegt, dass die entstehenden Figuren so dekorativ sind. Ein flaches Blatt Papier wird durch wenige Handgriffe zu einem kleinen Kunstwerk, das das Auge erfreut.

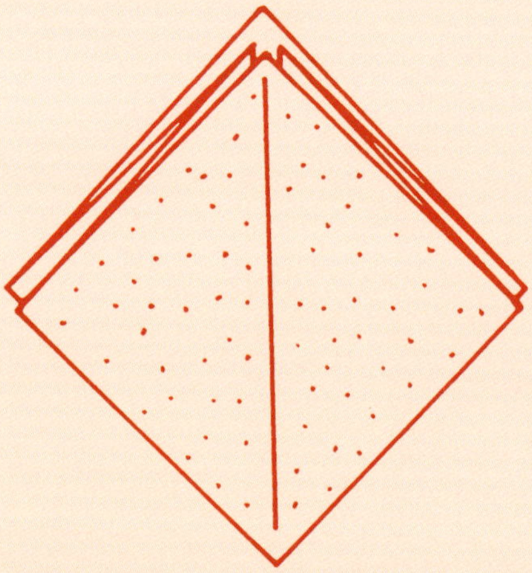

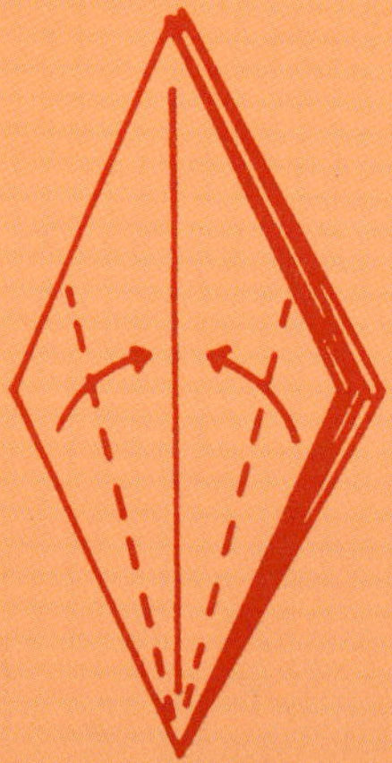

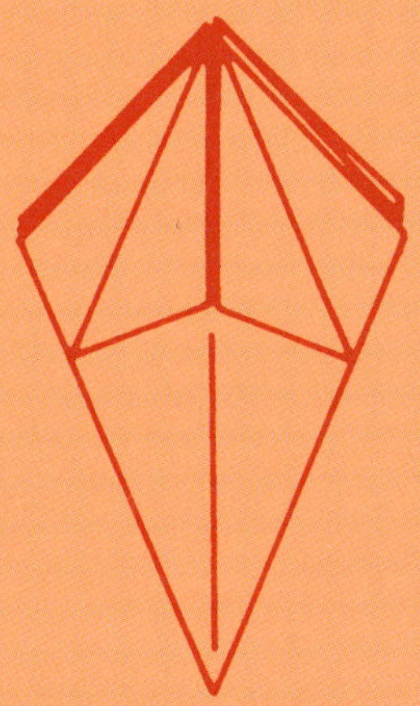

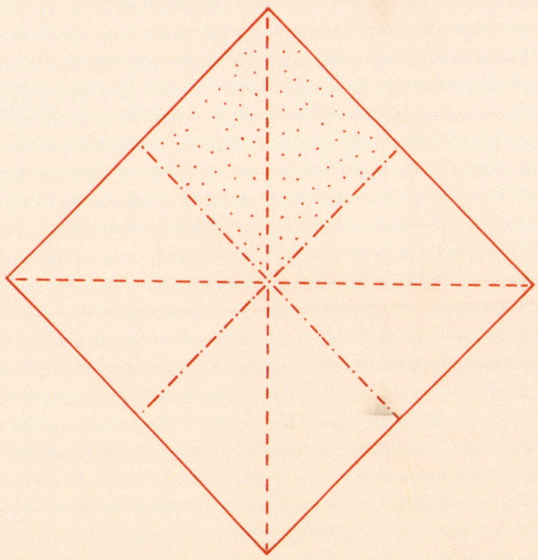

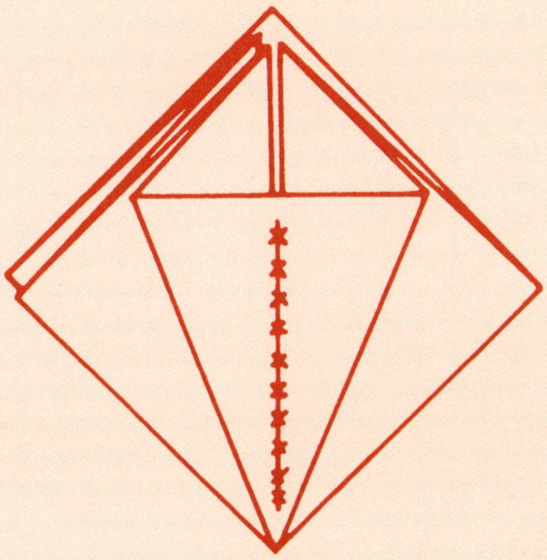

Fröbelornament

Gefaltet werden die Ornamente aus der Grundform 1, Katamaran, Seite 8, Arbeitsschritte 1 bis 7. Besonders gut wirken sie aus zweifarbigem Papier.

8–9 Die vier seitlich abstehenden, dreieckigen Laschen werden zuerst gespreizt und dann nach innen geklappt, d. h., das Kreuz liegt dann auf dem Kreis.

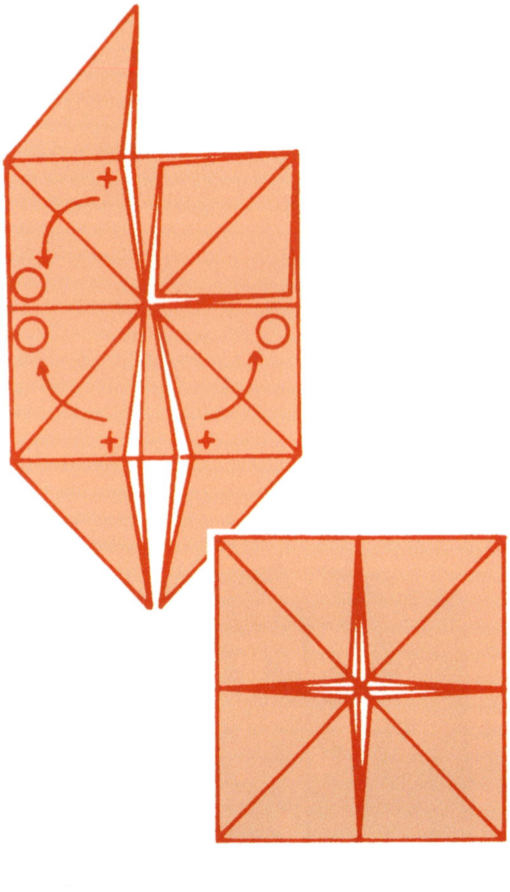

10 Bei fast allen abgebildete Ornamenten werden von der Mitte aus an den gestrichelten Linien Dreiecke nach außen gefaltet. Durch diese Faltung wird die zweite Farbe, in diesen Fall Weiß, sichtbar.

Die folgenden Schritte ergeben unterschiedliche Ornamente.

11a Nach Arbeitsschritt 10 die Seiten an den gestrichelten Linien nach innen falten. Es entsteht ein vierzackiger Stern.

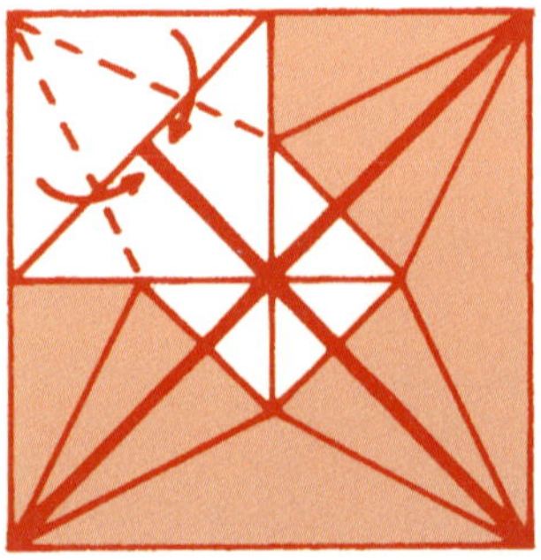

11b Nach Arbeitsschritt 10 einfach die nach außen gefalteten Dreiecke an der gestrichelten Linie nach innen zurück falten.

11c Nach Arbeitsschritt 10 die Seiten an den gestrichelten Linien nach innen falten.

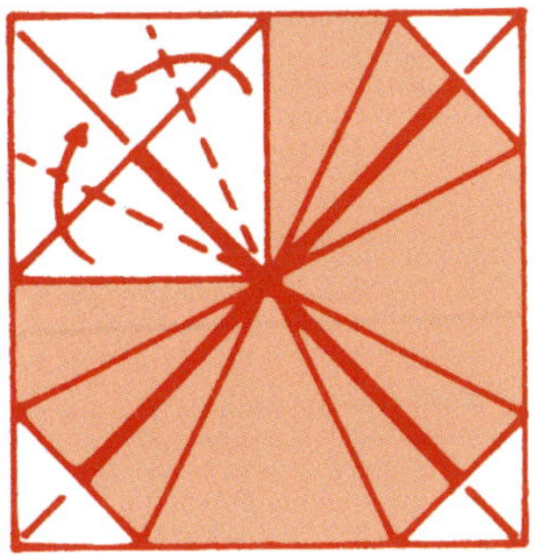

11d Nach Arbeitsschritt 10 die Seiten an den gestrichelten Linien nach hinten falten.

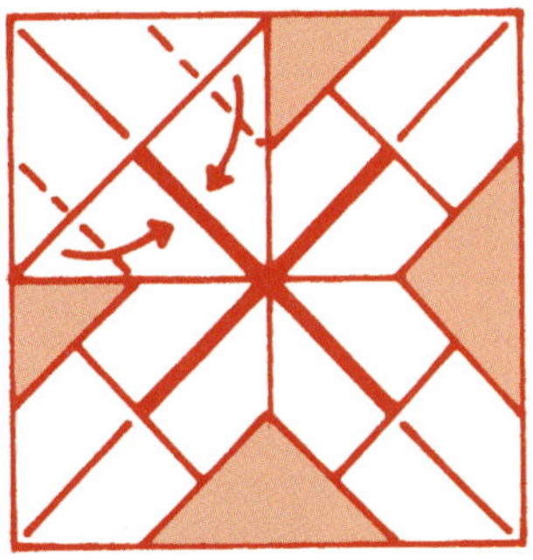

11e Wie 11d, jedoch werden die Seiten nur nach innen gefaltet.

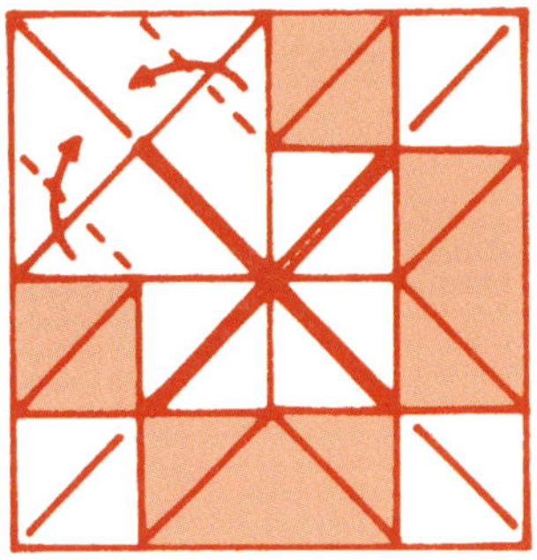

11f Hier wird nicht wie bei Arbeitsschritt 10 das ganze (große) Dreieck, sondern nur die Spitze nach außen geklappt.

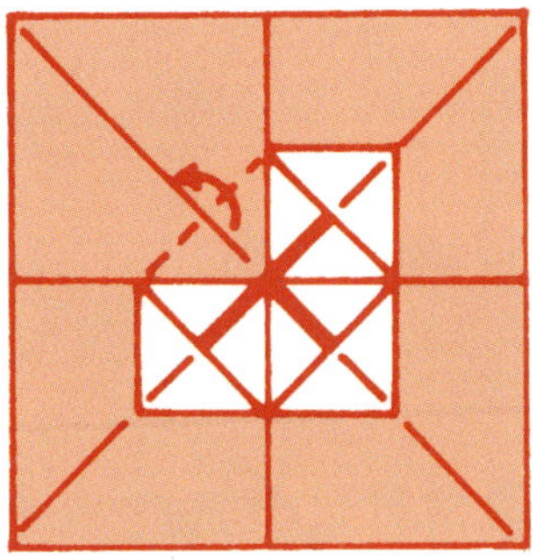

Tipp

Der bekannte Pädagoge Friedrich Wilhelm August Fröbel (1782 bis 1852), der als Begründer des Kindergartens gilt, erfand diese Ornamente als kreative Beschäftigung für Vorschulkinder. Nach ihm ist auch der von ihm entwickelte Fröbelstern aus vier Papierstreifen benannt. Ist erst einmal die Grundform gefaltet, gibt es eine Vielzahl von Faltungsmöglichkeiten, von denen wir nur einige aufzeigen.

Schön sieht es aus, eine Auswahl an Ornamenten beispielsweise als Wandbild auf einem dicken Karton anzuordnen und aufzukleben. Am besten wirken die Ornamente, wenn zweifarbige Faltblätter, 15 cm x 15 cm, verwendet werden.

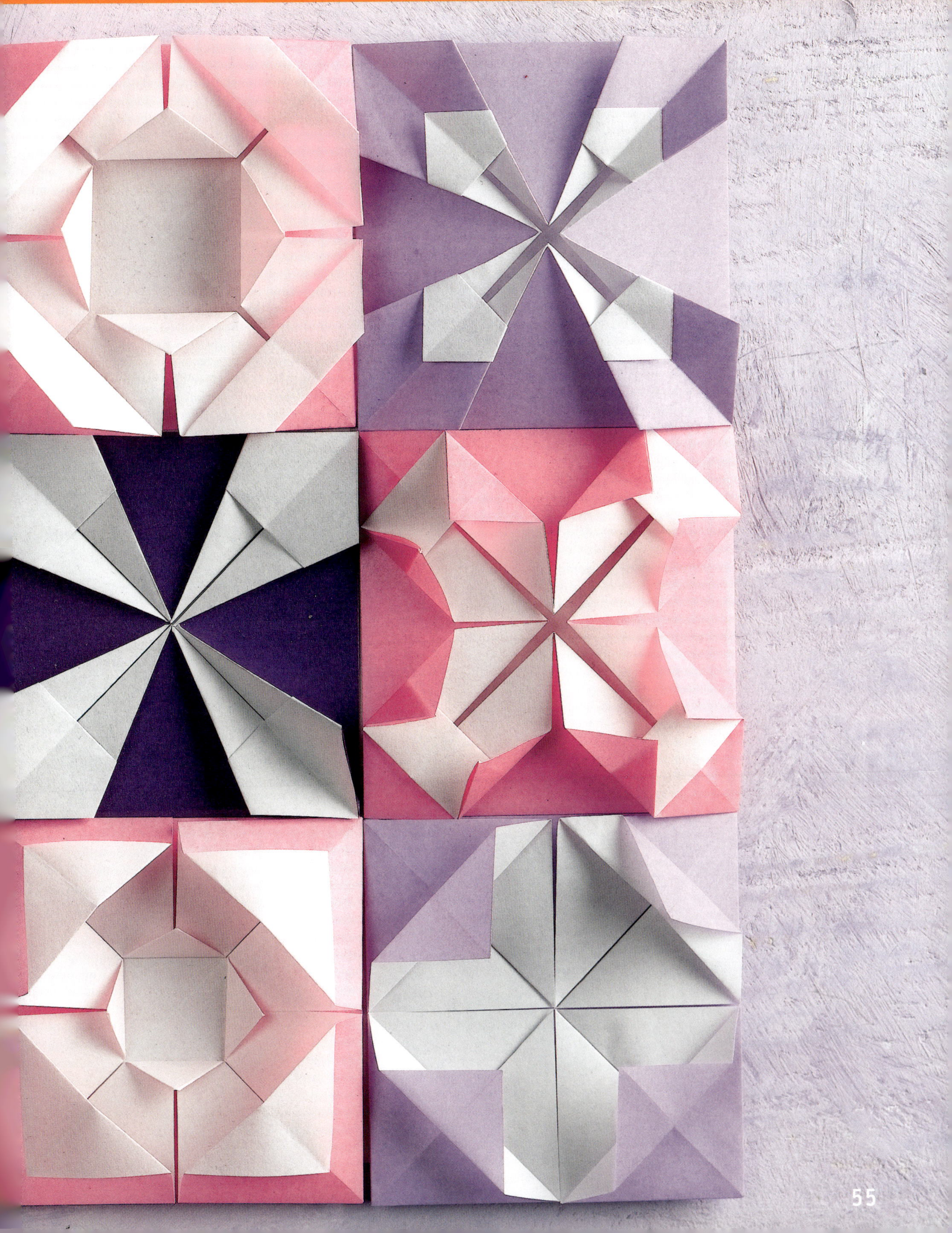

Medaillon

Gefaltet werden die Medaillons aus der Grundform 1, Katamaran, Seite 8, Arbeitsschritte 1 bis 7. Sie wirken besonders gut aus zweifarbigen Faltblättern.

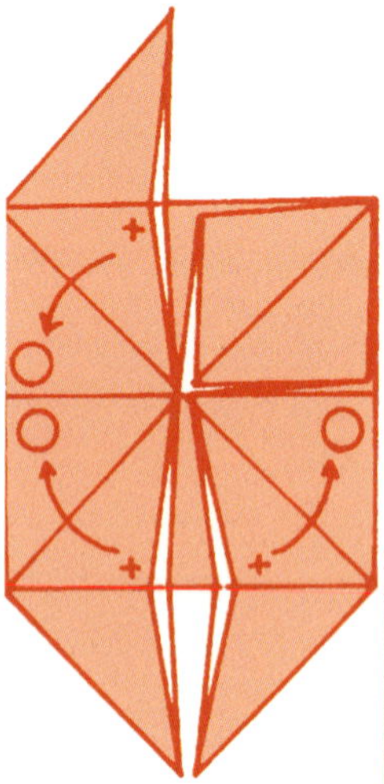

8–9 Die vier seitlich abstehenden, dreieckigen Laschen werden zuerst gespreizt und dann nach innen geklappt, d.h., das Kreuz liegt dann auf dem Kreis.

10 Die Seitenflügel an den gestrichelten Linien in Pfeilrichtung falten.

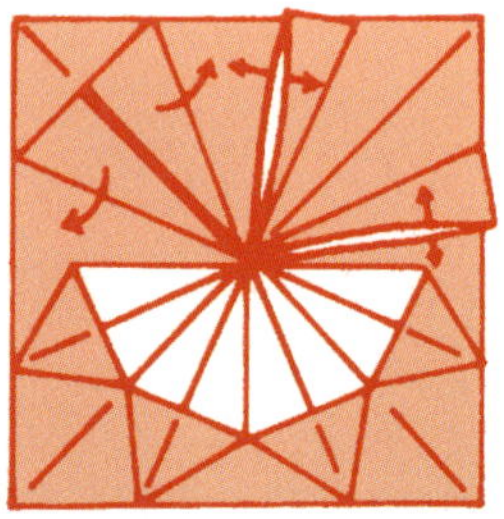

11 Einen Seitenflügel nach oben klappen, spreizen und andrücken. Es entsteht eine von insgesamt acht Spitzen.

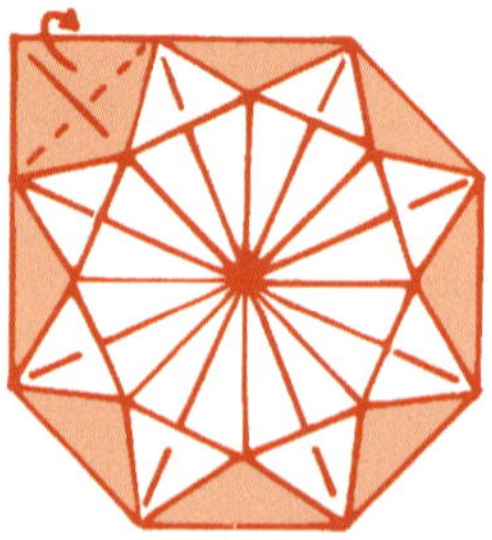

12a Die vier äußeren Ecken an den gestrichelten Linien nach hinten umklappen. Das Medaillon ist fertig.

12b Eine andere Anmutung erhält man, wenn man nach Arbeitsschritt 11 aus der Mitte die vier Spitzen an den gestrichelten Linien nach außen faltet.

13 Wenn man nach Arbeitsschritt 12a wieder aus der Mitte vier Dreiecke nach außen faltet, entsteht eine Form mit einer quadratischen Öffnung in der Mitte.

Tipp

Diese Formen gehen wie die Ornamente (die grüne Figur rechts unten auf dem Foto) auf Fröbel zurück. Auch sie lassen viele Möglichkeiten der Variation zu. In die quadratische Öffnung können Sie z. B. ein Foto stecken und erhalten so einen originellen Rahmen.

Stern

Die Sterne werden aus der Grundform 1, Katamaran, Seite 8, Arbeitsschritte 1 bis 7 gefaltet.

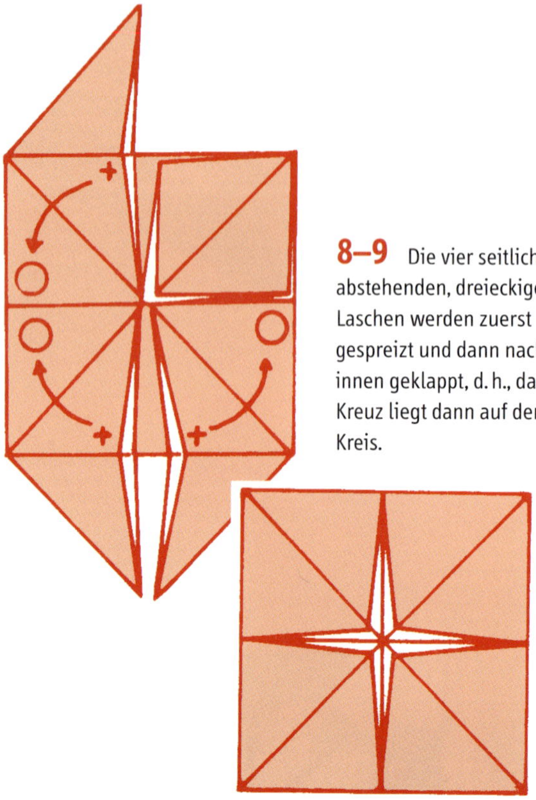

8–9 Die vier seitlich abstehenden, dreieckigen Laschen werden zuerst gespreizt und dann nach innen geklappt, d. h., das Kreuz liegt dann auf dem Kreis.

10 Die Seitenflügel an den gestrichelten Linien in Pfeilrichtung falten.

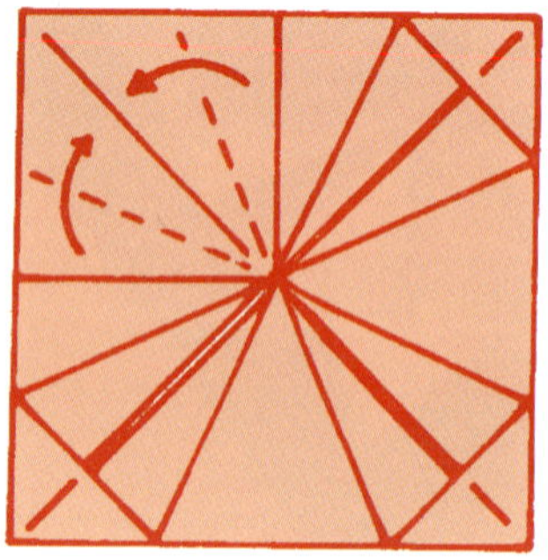

11 Die Ecken an den gestrichelten Linien nach innen und wieder nach außen falten.

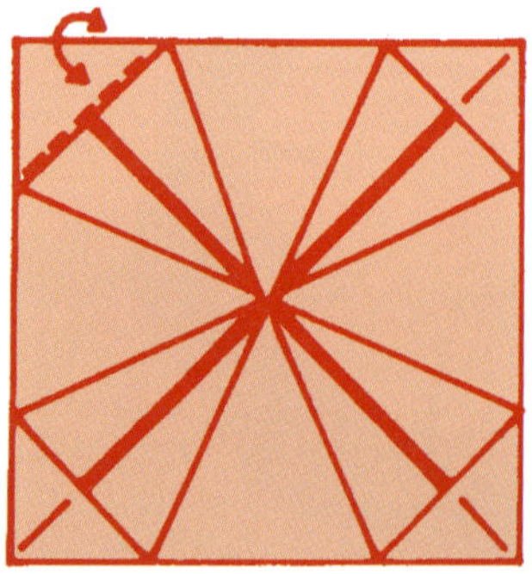

12 Die bei Arbeitsschritt 10 umgeklappten Seitenflügel nach oben klappen. Nun die sichtbar gewordene innere Spitze an der gestrichelten Linie nach außen klappen und die noch nach oben stehenden Seitenflügel glatt streichen. Die restlichen drei Spitzen ebenso falten. Zwei dieser Sterne können jetzt versetzt aufeinander geklebt werden, so entsteht ein achtzackiger Stern.

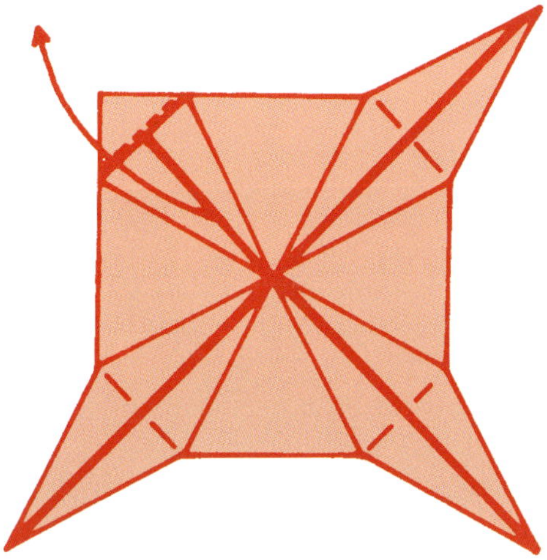

13a Die Spitzen in der Sternmitte an den gestrichelten Linien nach außen falten. Je weiter außen die Faltlinien sind, desto größer wird die quadratische Öffnung in der Mitte. In diese Öffnung kann beispielsweise ein Teelicht gestellt oder ein Foto gesteckt werden.

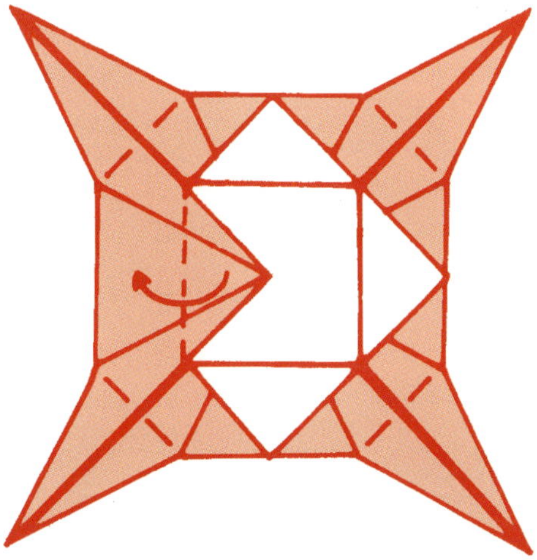

13b Den vierzackigen Stern von Arbeitsschritt 12 wenden und die vier Außenzacken an der gestrichelten Linie nach innen falten.

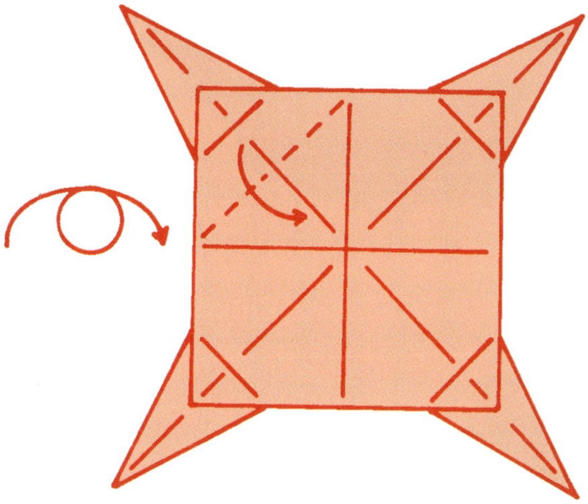

14–15 Die Zacken an den gestrichelten Linien nach außen falten.

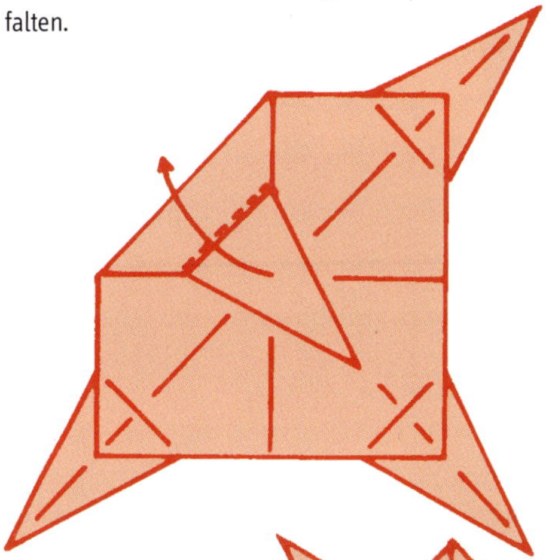

Tipp

Wenn Sie ein Teelicht in die Sternmitte stellen wollen, muss das Papier mindestens 20 cm x 20 cm groß sein.

Faltblüte

1 Das Papierquadrat zuerst zweimal auf die Hälfte falten (Strichpunktlinien) und öffnen. Dann wenden, zweimal diagonal falten (gestrichelte Linien) und öffnen.

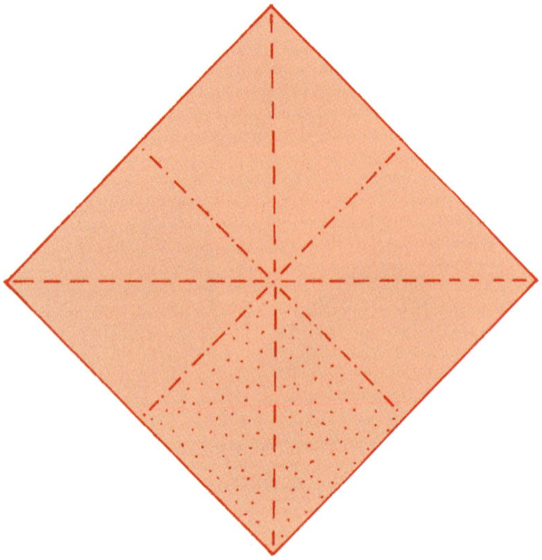

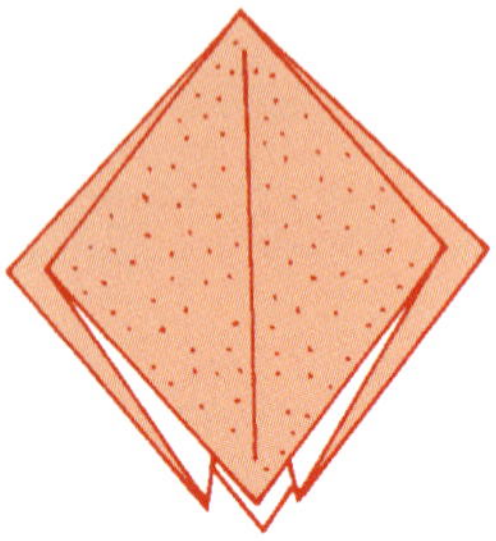

2 Das kleine Quadrat falten. (Die gepunktete Fläche des großen Quadrats entspricht der gepunkteten Fläche des kleinen Quadrats.)

3–4 Den rechten vorderen Seitenflügel senkrecht hoch klappen, leicht spreizen und glatt streichen. Es entsteht eine Drachenform. Die restlichen drei Seitenflügel ebenso falten.

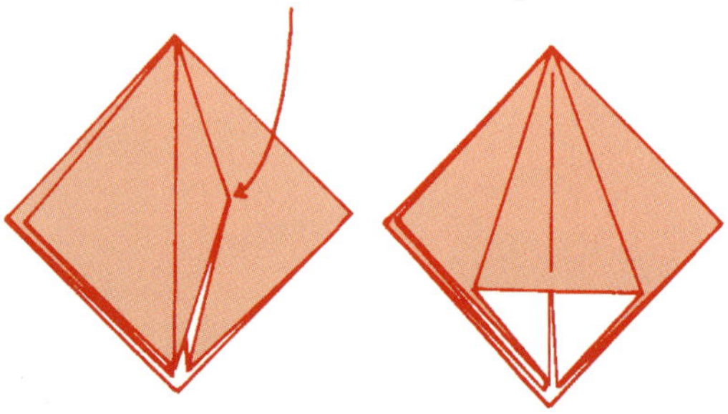

5–6 Für die Lichterkette die obere und die untere Spitze in Höhe der beiden Pfeile abschneiden.

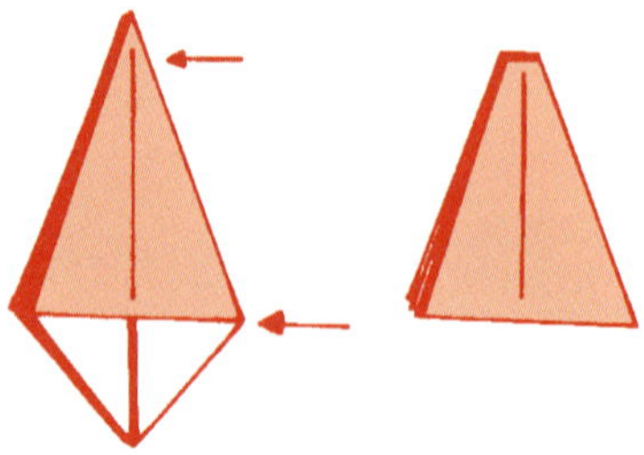

7 Die Blüte öffnen und ausprobieren, ob das Birnchen der Lichterkette durch die Öffnung passt. Evtl. zu Arbeitsschritt 6 zurückkehren, um die Öffnung zu vergrößern. Die Ränder des Achtecks an den gestrichelten Linien nach innen oder nach außen falten.

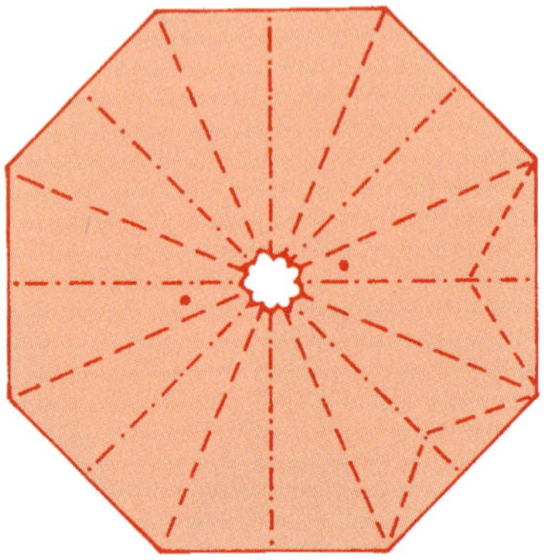

Tipp

Damit der Lampenschirm nicht vom Birnchen rutscht, die Blüte mit der Vorstechnadel an zwei Stellen lochen und ein 5 cm langes Blumendrahtstück, ø 0,35 mm, zwischen die beiden Kabel am Birnchen und jeweils durch ein Loch im Lampenschirm stecken und umbiegen.

Enzian

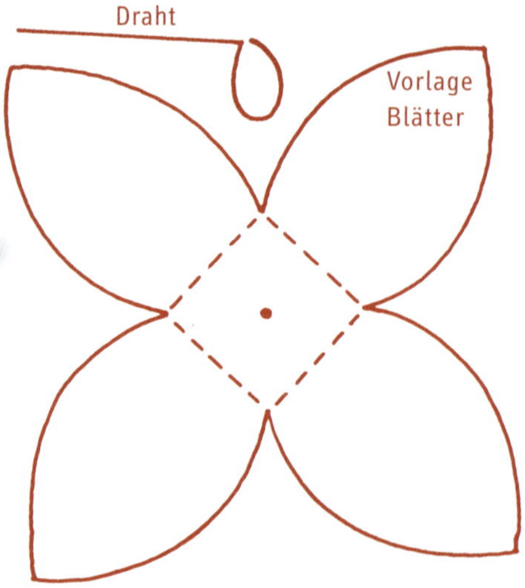

1 Das Papierquadrat zweimal diagonal (gestrichelte Linien) falten und öffnen, wenden, zweimal auf die Hälfte falten (Strichpunktlinien) und wieder öffnen.

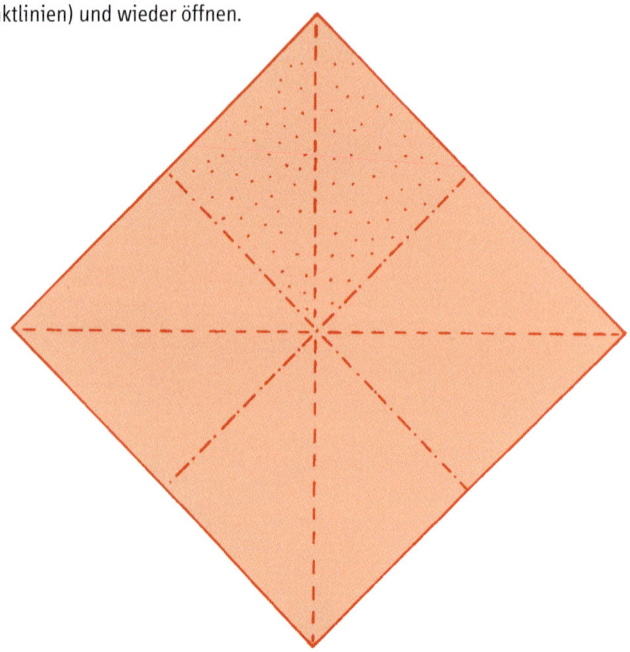

2 Zu einem Quadrat falten, das nur noch ein Viertel so groß ist wie das Ausgangsquadrat.

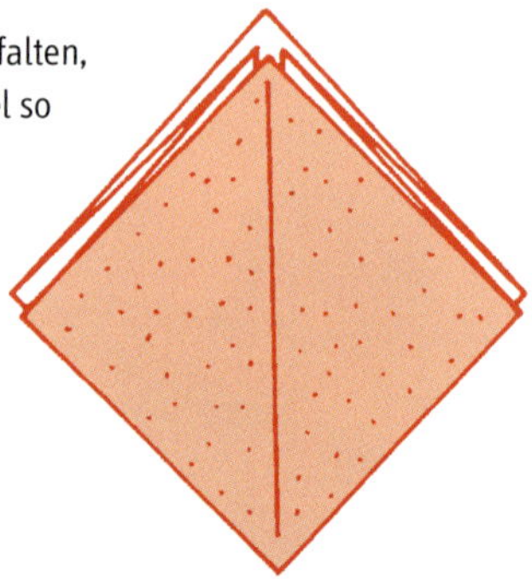

3 Den vorderen rechten Seitenflügel nach vorne klappen, so dass sich die mit Kreuzen markierte Faltkante oben befindet.

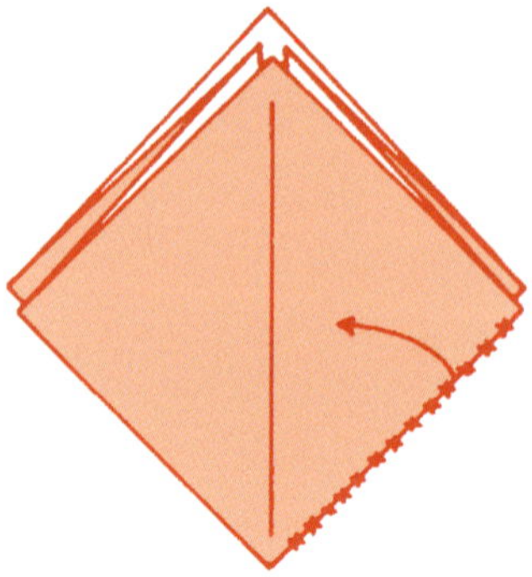

4 Diese Faltkante vorsichtig in der Mitte nach unten drücken und glatt streichen. Mit den anderen drei Seitenflügeln ebenso verfahren.

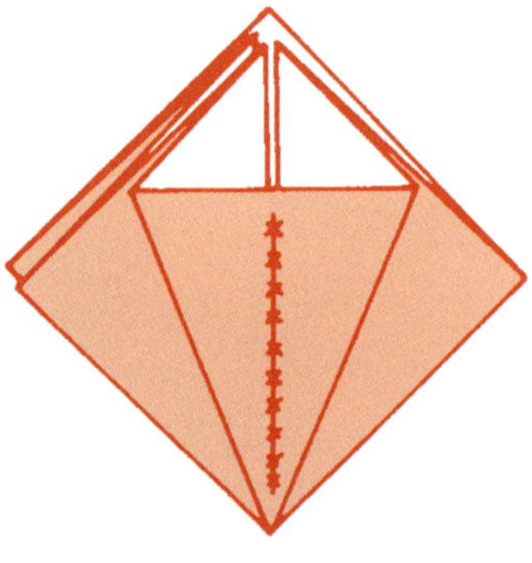

5–6 Die oberen Ecken der beiden Seitenflügel an den gestrichelten Linien nach innen falten. Die Figur wenden und die Rückseite ebenso falten. Nun die beiden restlichen Seiten falten.

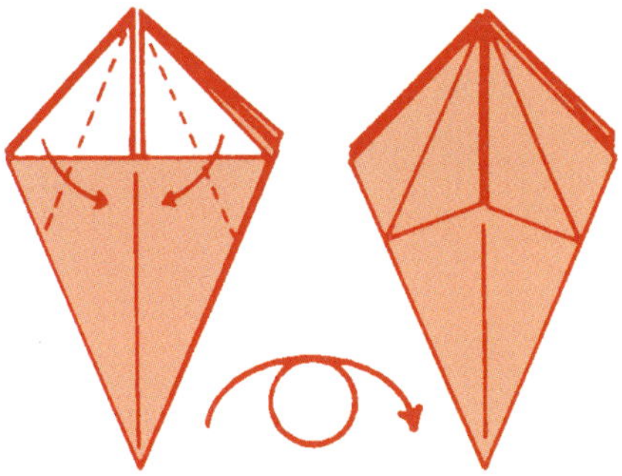

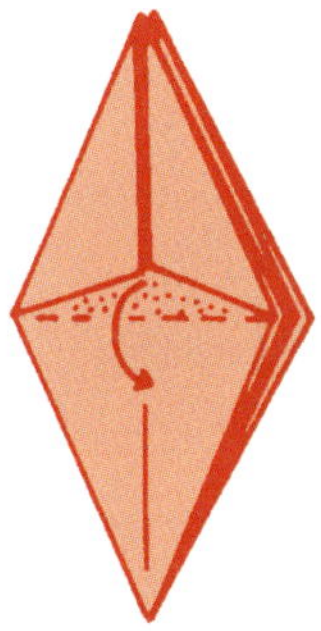

7 Bei der entstandenen Raute die beiden zuvor nach innen gefalteten Ecken etwas anheben und die darunterliegende Fläche (gepunktet) an der gestrichelten Linie nach unten falten und glatt streichen.

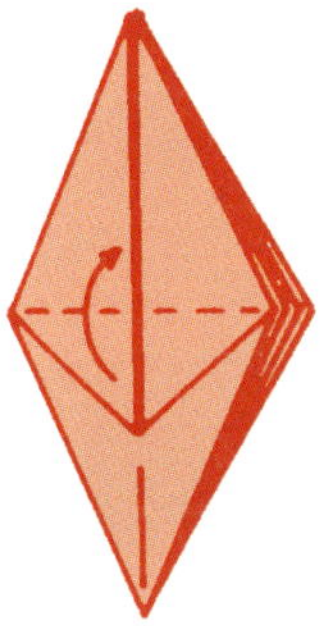

8 Die entstandene Spitze an der gestrichelten Linie nach oben falten. Ringsum auf den drei anderen Seiten wiederholen.

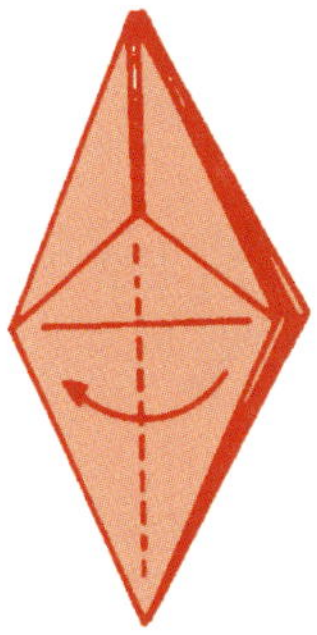

9 Den rechten vorderen Flügel an der gestrichelten Linie nach links umklappen.

10–11–12 Die Ecken an den gestrichelten Linien zur Mitte falten. Auf den drei anderen Seiten ebenso verfahren.

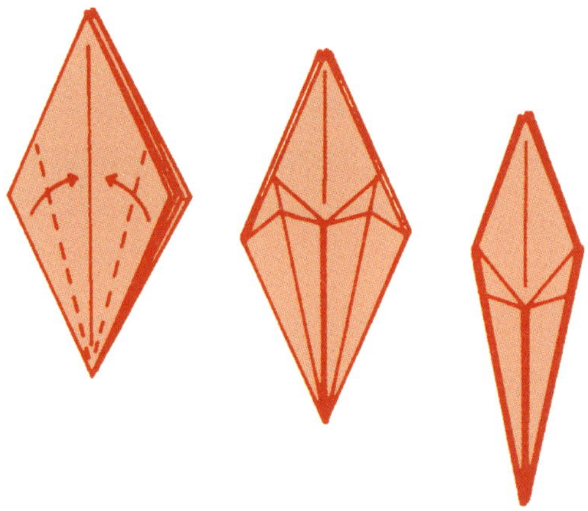

13–14–15 Die obere Spitze an der gestrichelten Linie nach unten falten. Auf den drei anderen Seiten ebenso verfahren. Die Blütenmitte an der Oberseite vorsichtig weiten.

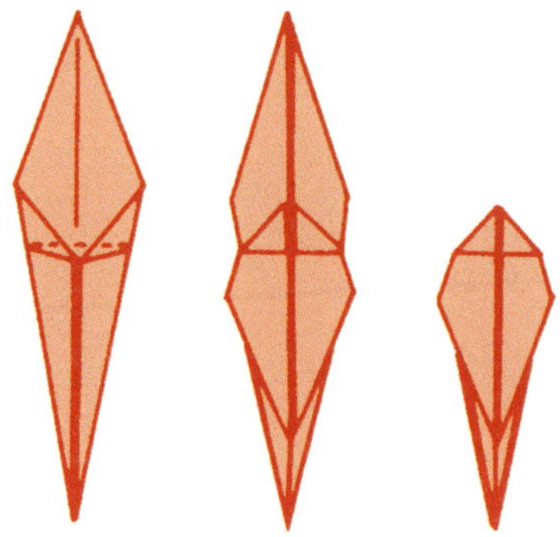

Tipp

In der Origami-Literatur läuft diese Blüte unter Iris oder Lilie, aber sie sieht eher wie eine Enzianblüte aus. Wenn Sie noch aus grünem Tonpapier zwei Blättersterne ausschneiden, je in den Blütenboden und die Blütensternmitte mit der Vorstechnadel ein Loch stechen und die Teile mit einem Stück Draht miteinander verbinden, erhalten Sie hübsche Enziane als Tischschmuck.

AUFBLASFIGUREN

Besonders witzig ist es, etwas zu falten, was erst durch das Aufblasen seine erkennbare Form bekommt. Vor allem Kinder kommen hier aus dem Staunen nicht mehr heraus und können nicht genug von den Aufblasfiguren bekommen.

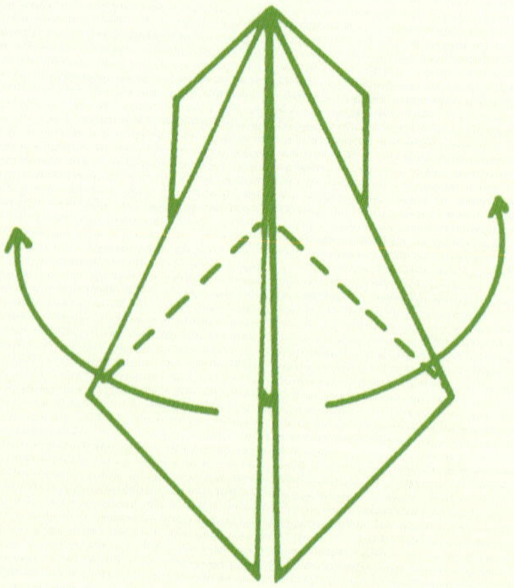

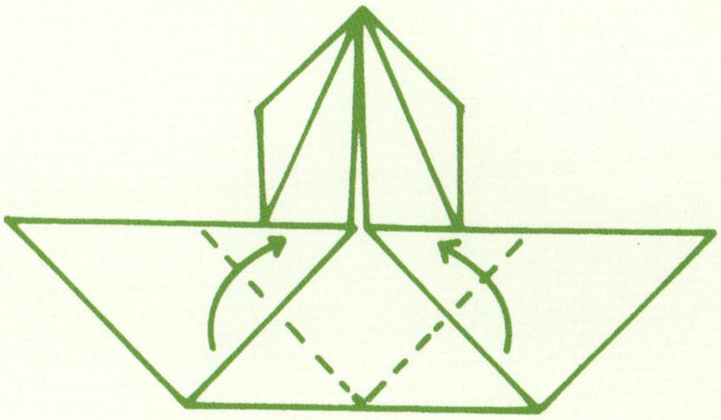

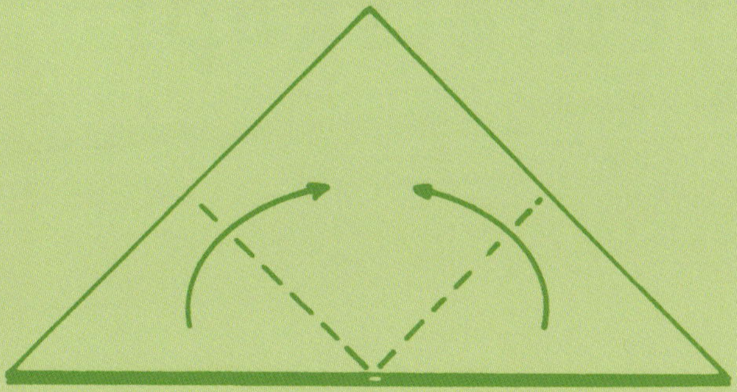

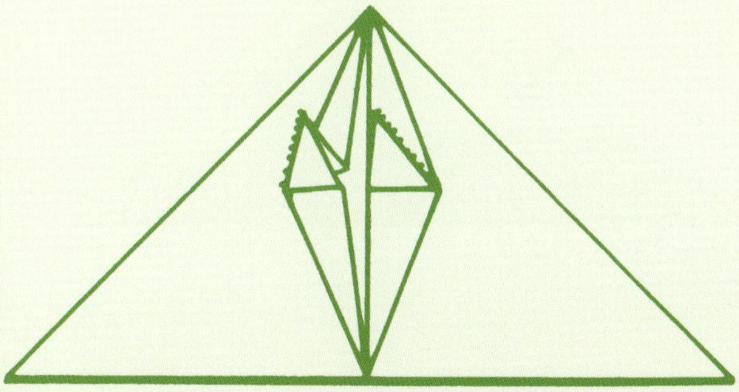

Teufelskopf

1 Das Papierquadrat zweimal diagonal falten und öffnen, dann wenden und einmal in der Mitte falten.

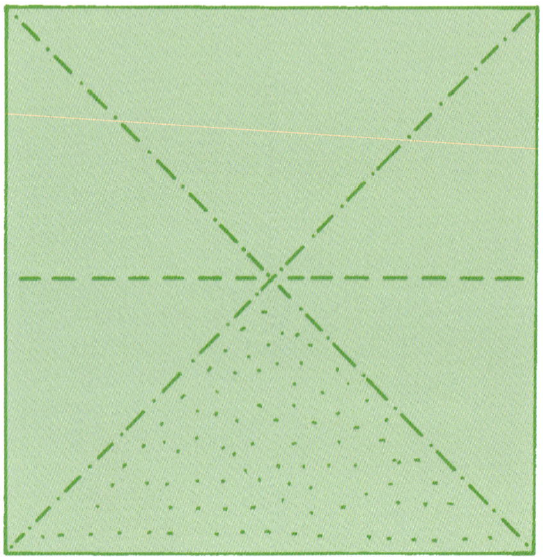

2 Die Figur zum Dreieck falten. (Die gepunktete Fläche des großen Quadrats entspricht der gepunkteten Fläche am gefalteten Dreieck.)

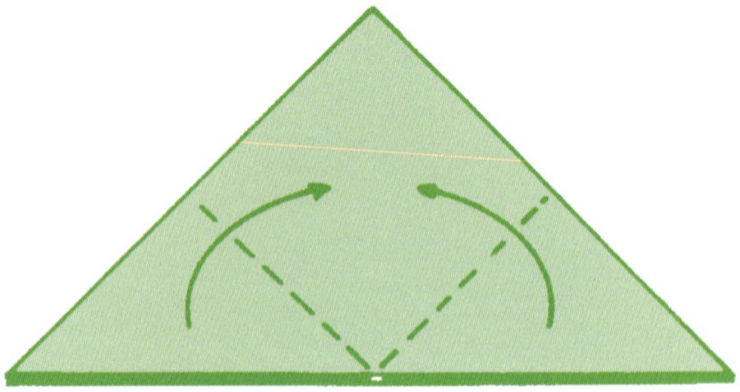

3 Die beiden Seiten an den gestrichelten Linien zur Mitte falten.

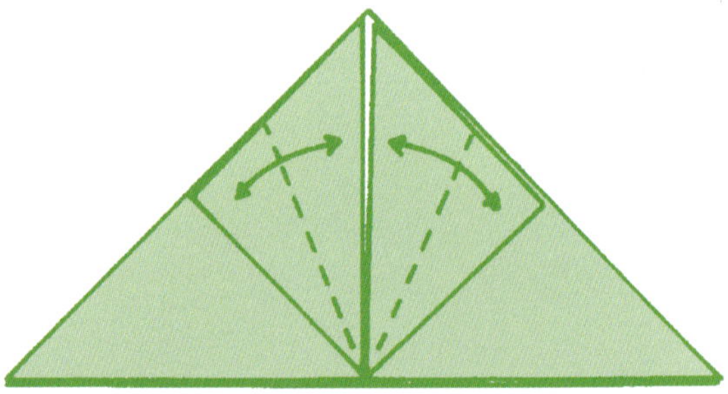

4 Die beiden Seiten an den gestrichelten Linien von unten zur Mitte und wieder nach außen falten.

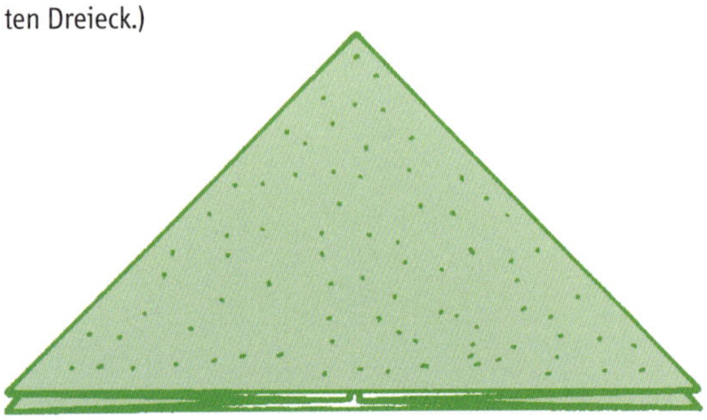

5 Die beiden Seiten an den gestrichelten Linien von oben zur Mitte und wieder nach außen falten. Die beiden Faltlinien in den Hälften kreuzen sich. An den Hälften die kurze gepunktete Linie, die von der Kreuzung zur seitlichen Spitze verläuft, falten.

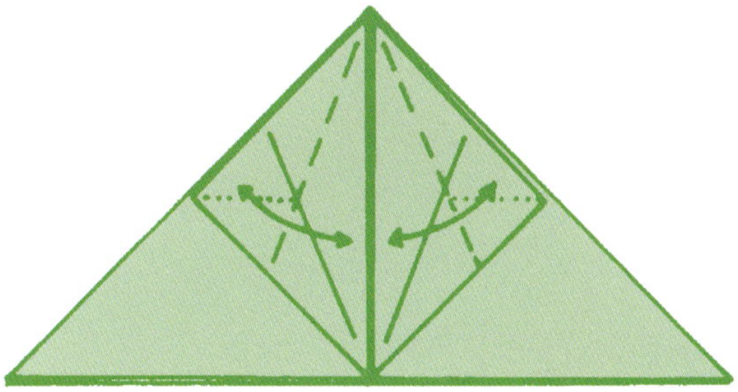

6 Zwei nach oben stehende Dreiecke falten und die Figur wenden.

7 Die Seiten an den gestrichelten Linien zur Mitte falten.

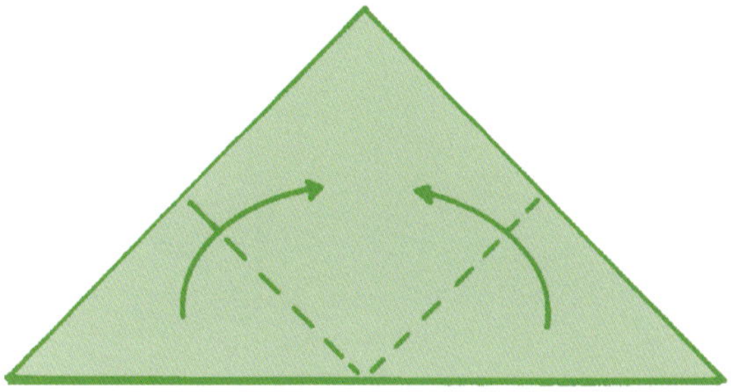

8–9 Die Seiten an den gestrichelten Linien zur Mitte und wieder nach außen falten. Die gepunkteten Linien ebenfalls falten.

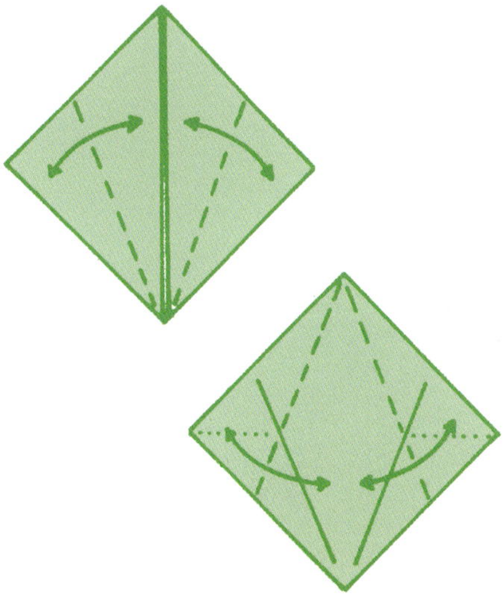

10 Zwei nach oben stehende Dreiecke falten. Die beiden nach unten abstehenden Dreiecke jeweils mit Daumen und Zeigefinger halten und kräftig in die mit einem M markierte Spitze blasen. Oben kommen die Hörner heraus, an der unteren Seite kann man eine kleine Spitze als Zunge herausziehen.

Tipp

Sie tun sich leichter, wenn Sie ein großes Faltblatt mit den Maßen 20 cm x 20 cm benutzen. Aufgemalte Augen machen den Teufel komplett.

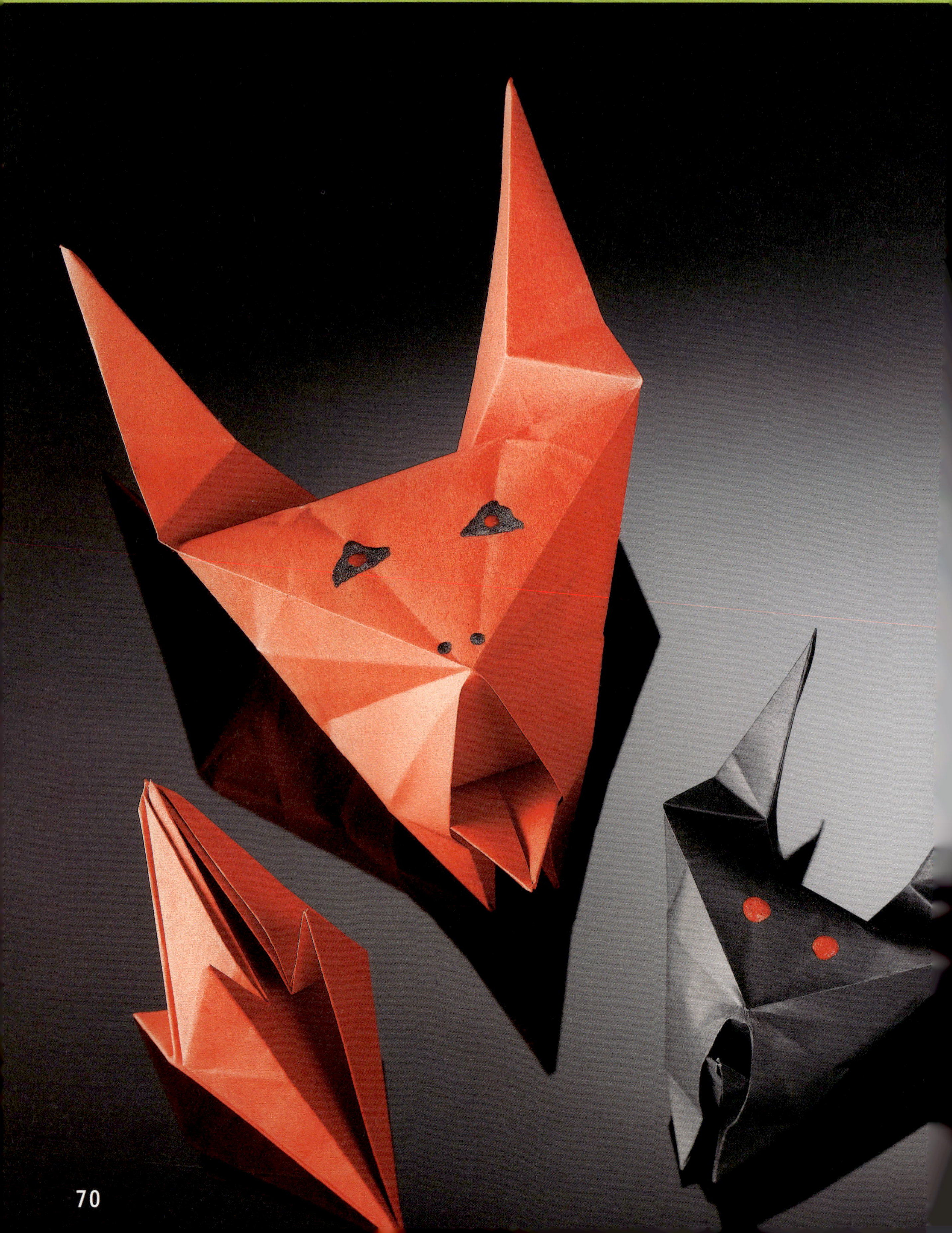

Ballon

1 Das Papierquadrat zweimal diagonal falten und öffnen, dann wenden und einmal in der Mitte falten.

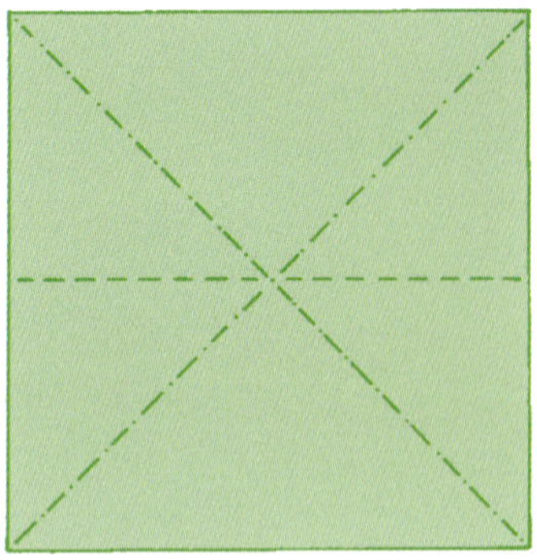

2 Ein Dreieck falten. Die beiden vorderen Spitzen an den gestrichelten Linien zur Mitte falten.

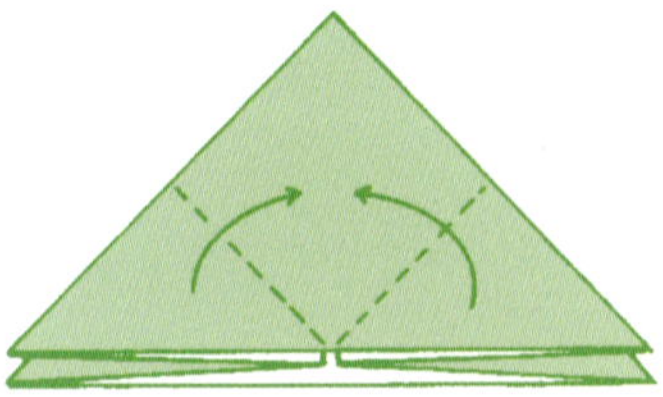

3 Die Spitzen an den gestrichelten Linien von oben nach unten und wieder zurück falten.

4 Die beiden Ecken an den gestrichelten Linien zur Mitte falten.

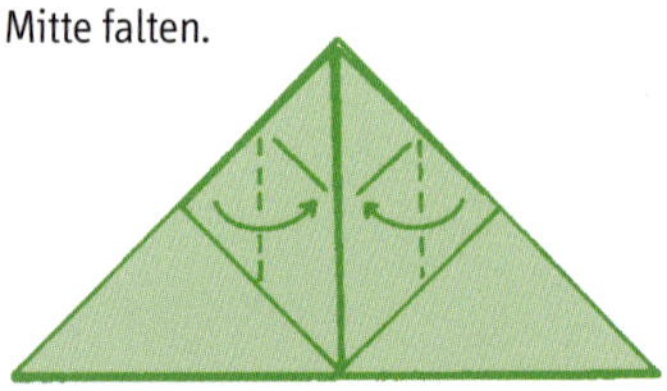

5 Die beiden oberen Spitzen an den gestrichelten Linien nach unten falten.

6–7 Die beiden mit einem Kreuz markierten Ecken in die zuvor leicht geöffneten Laschen schieben. Die Figur wenden und die Arbeitsschritte 2 bis 7 wiederholen.

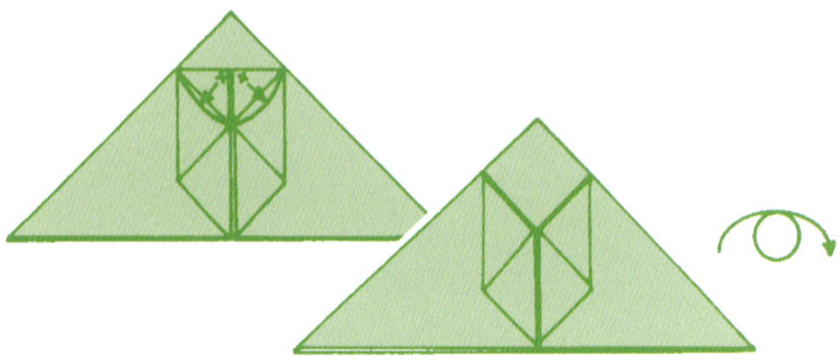

8 Die Figur aufblasen. Der Pfeil markiert die Einblasöffnung. Es entsteht ein Ballon.

Tipp

Wenn Sie die Kanten nachfalten, entsteht ein Würfel.

Hase

Die Arbeitsschritte 1 bis 7 sind die gleichen wie beim Ballon, Seite 72. Die Figur wenden.

8 Die Seitenflügel an den gestrichelten Linien nach innen falten.

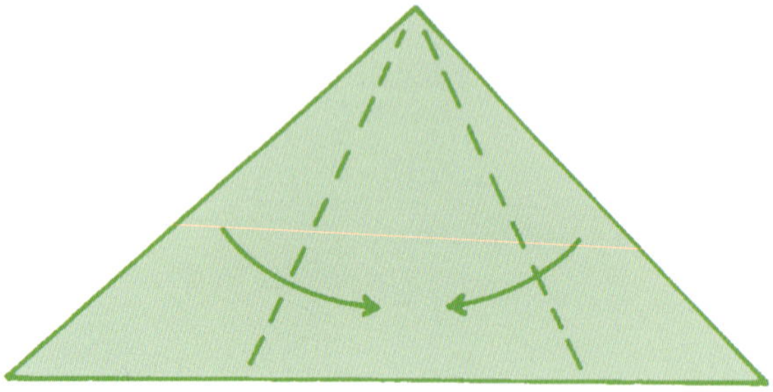

9 Die beiden Spitzen von unten an den gestrichelten Linien nach oben falten.

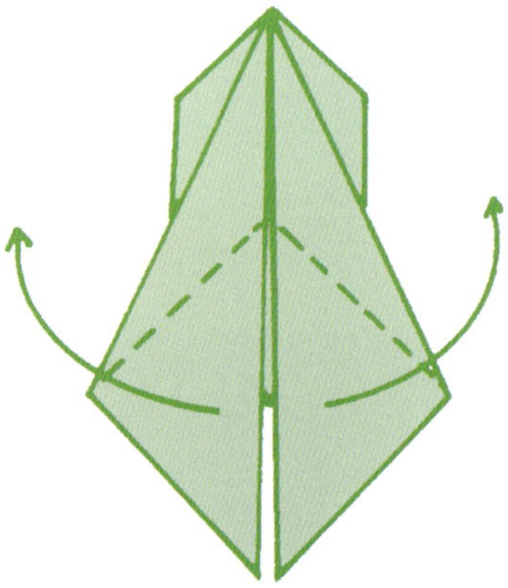

10 Die beiden Ecken als Ohren von unten nach oben falten.

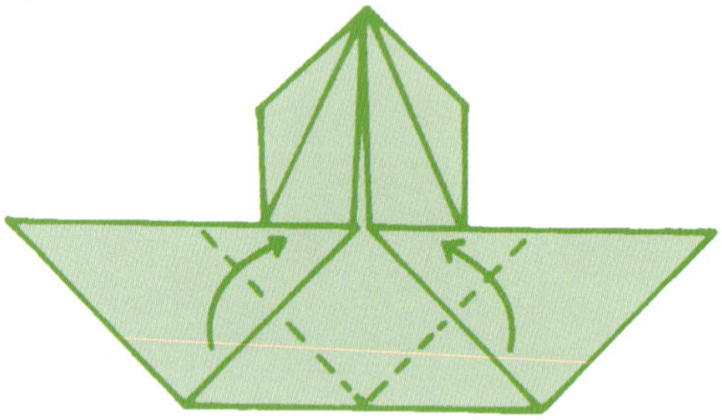

11 Den Hasen durch die Schnauze (Pfeil) aufblasen.

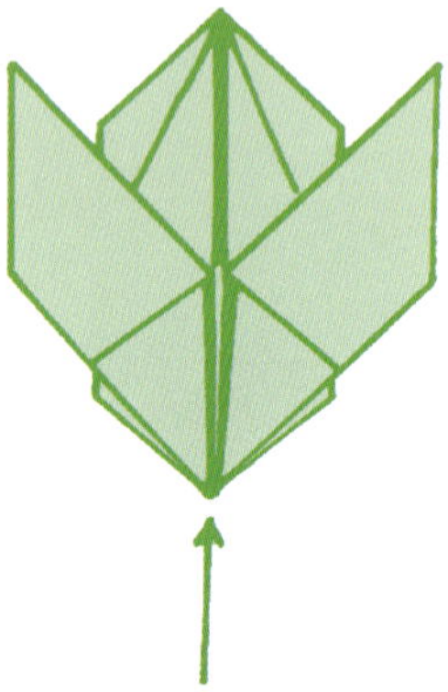

Tipp

Tupfen Sie noch Augen auf. Die Häschen sind eine hübsche Dekoration zu Ostern.

VÖGEL

Was, Sie haben noch keinen? Einen kleinen Vogel hat doch jeder. Aber ob er immer so schön und pflegeleicht ist wie unsere Pelikane, Pinguine, Enten, Finken und Kraniche? Übrigens: Nach einer japanischen Legende bekommt derjenige, der 1000 Kraniche gefaltet hat, einen Wunsch erfüllt.

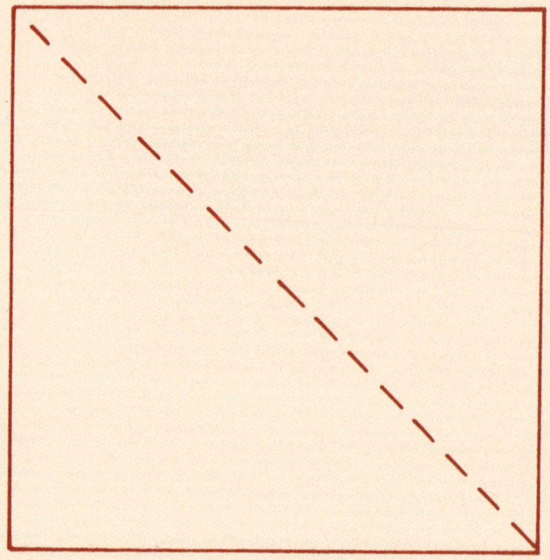

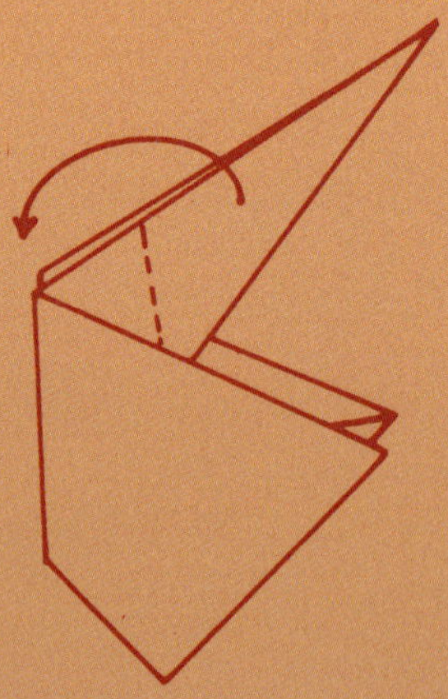

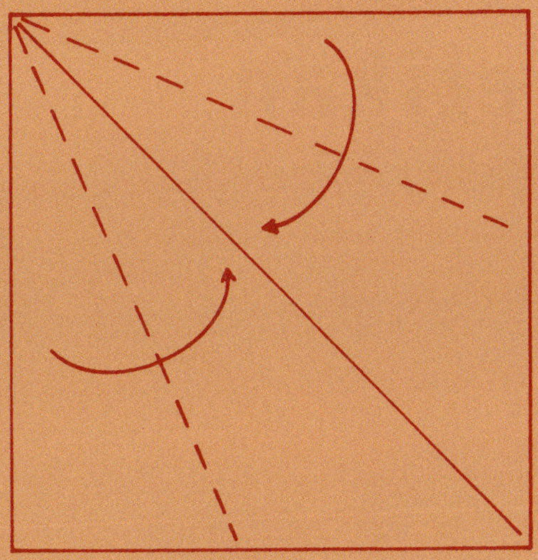

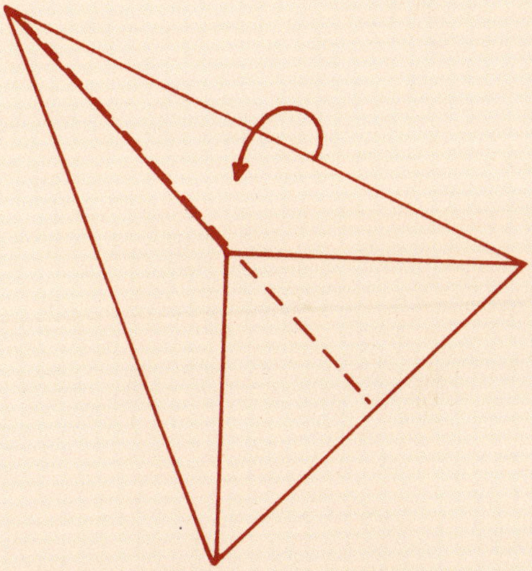

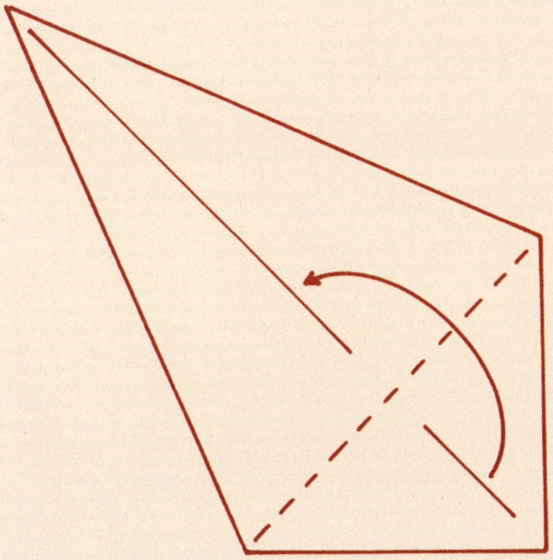

Pelikan

1 Das Papierquadrat diagonal falten und wieder öffnen.

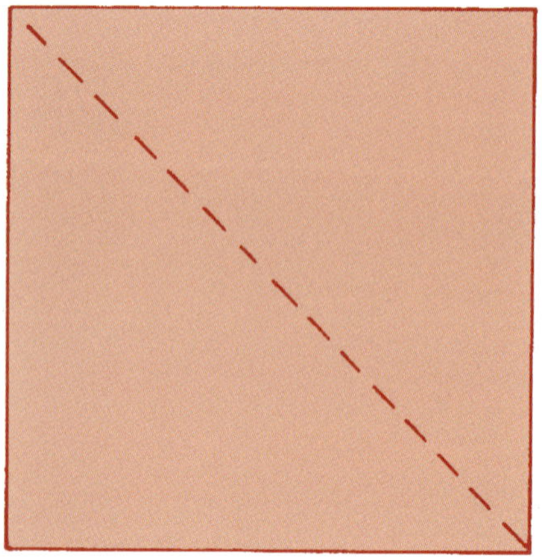

2–3 Die beiden Seiten an den gestrichelten Linien zur Mitte falten. Die entstandene Drachenform wenden.

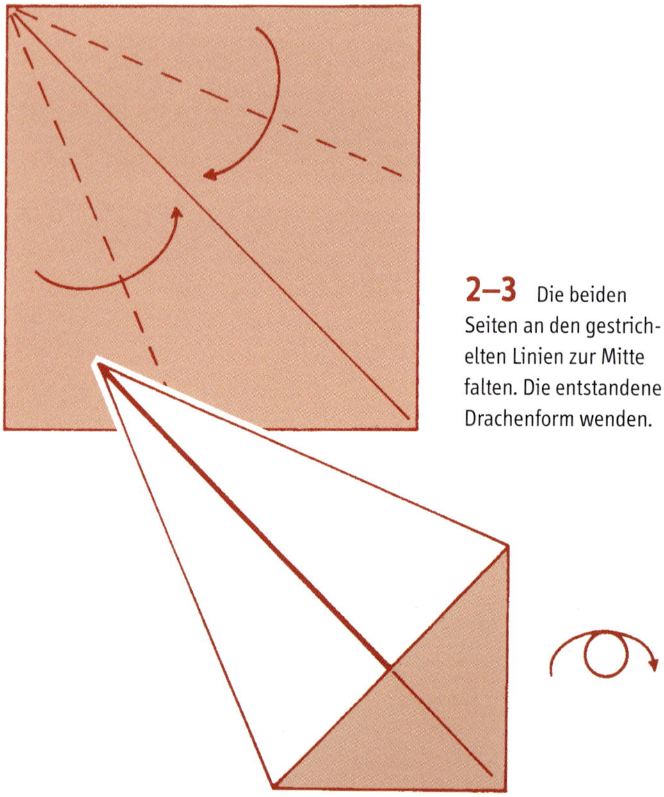

4 Die Spitze an der gestrichelten Linie umklappen.

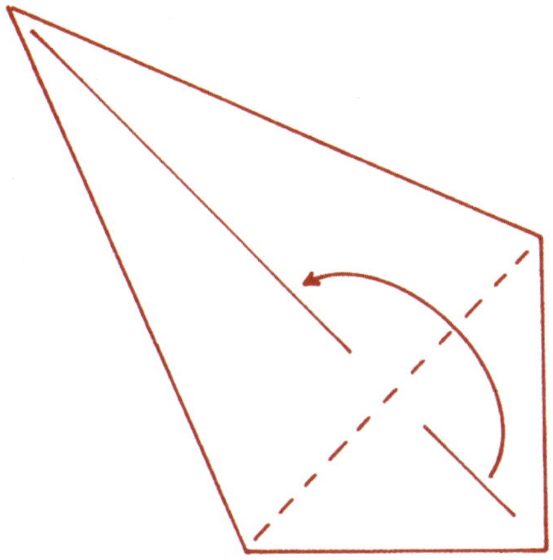

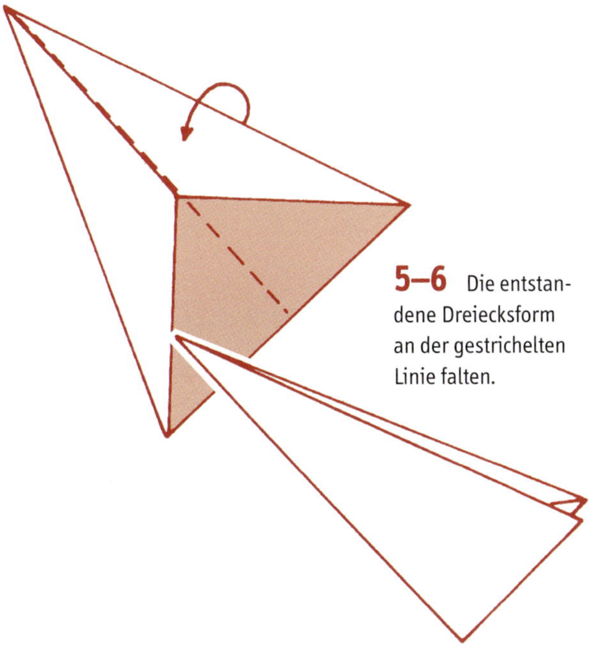

5–6 Die entstandene Dreiecksform an der gestrichelten Linie falten.

7 Die Dreiecksform an der gestrichelten Linie falten und eine Tütenfalte fertigen.

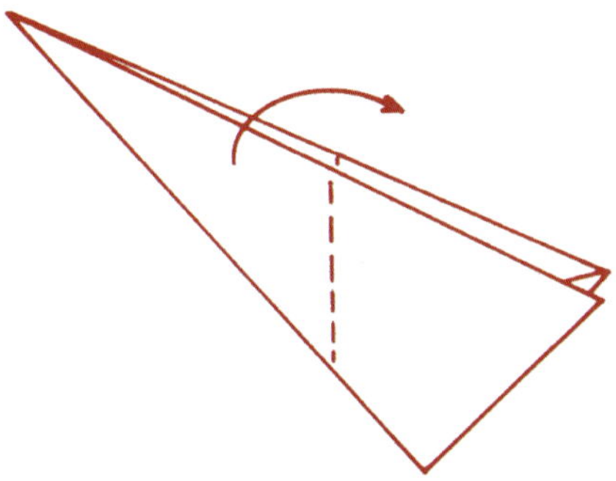

8 Den Schnabel an der gestrichelten Linie falten und als Tütenfalte in die entgegengesetzte Richtung falten.

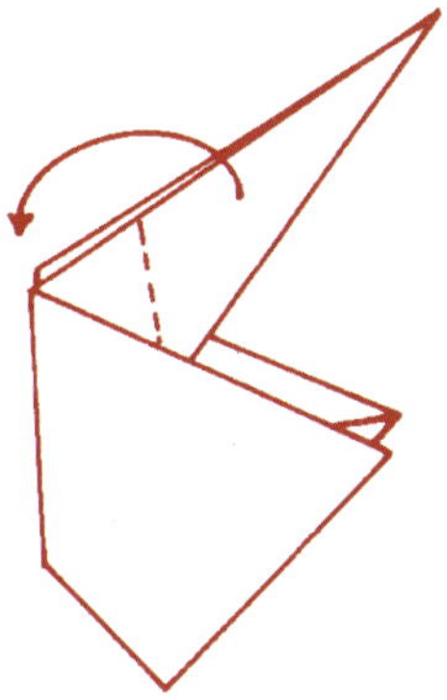

9 Von unten die oberste Spitze an der gestrichelten Linie als Flügel nach oben falten.

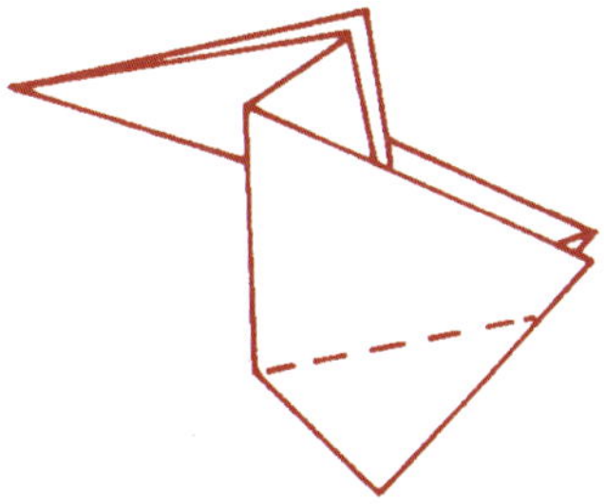

10 Für den Pelikanbauch an der Strichpunktlinie eine Tütenfalte fertigen.

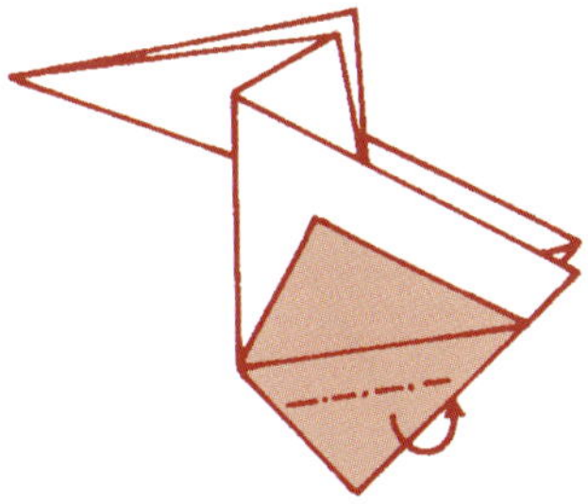

Tipp

Pelikane sind sehr gesellige Vögel, die in Kolonien brüten und in Gruppen jagen. Falten Sie also unbedingt mehrere dieser sympathischen Vögel.

Pinguin

1 Das zweifarbige Papierquadrat diagonal falten und wieder öffnen.

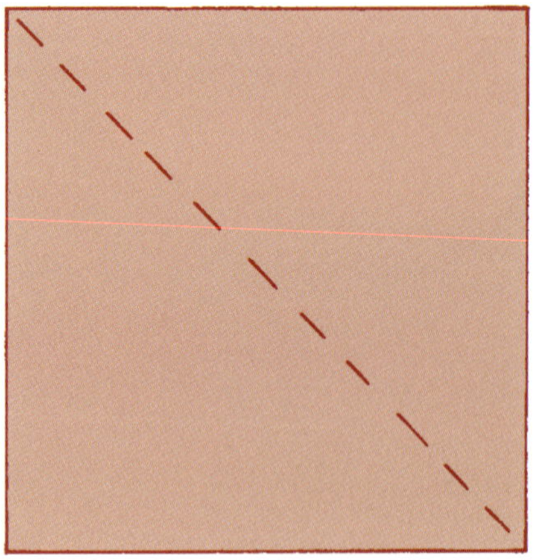

2 Die beiden Seiten an den gestrichelten Linien zur Mitte falten.

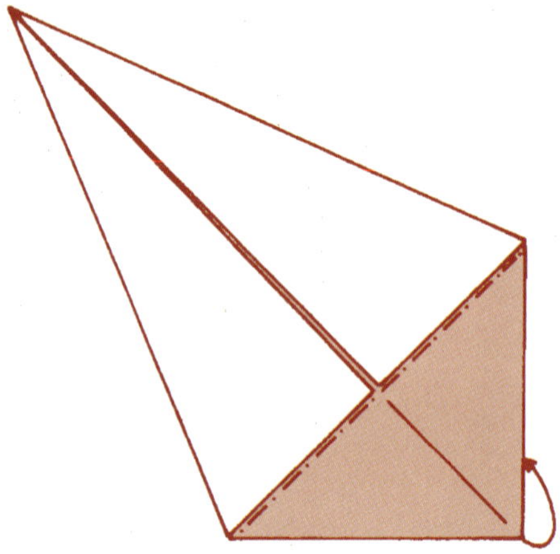

3 Bei der entstandenen Drachenform die untere Spitze an der Strichpunktlinie nach hinten falten.

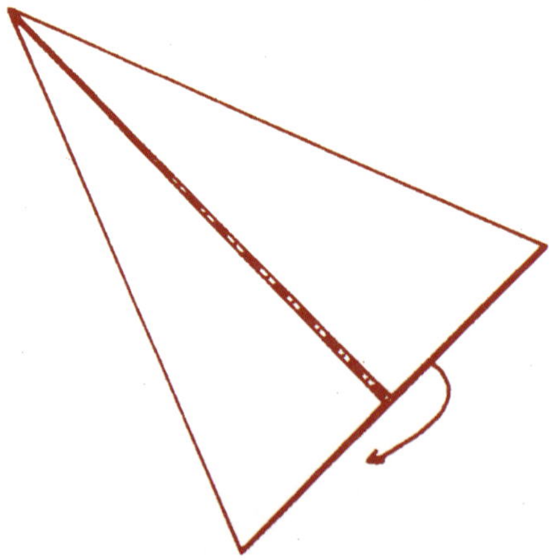

4 Das entstandene Dreieck an der Strichpunktlinie (Berglinie) auf die Hälfte falten.

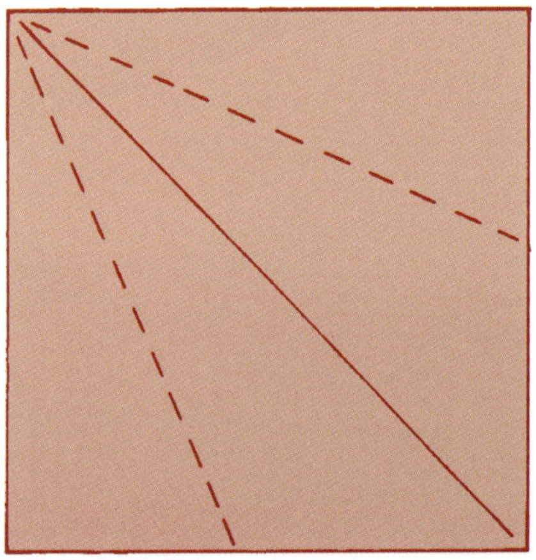

5 Die Spitze an der gestrichelten Linie nach unten falten und eine Tütenfalte fertigen.

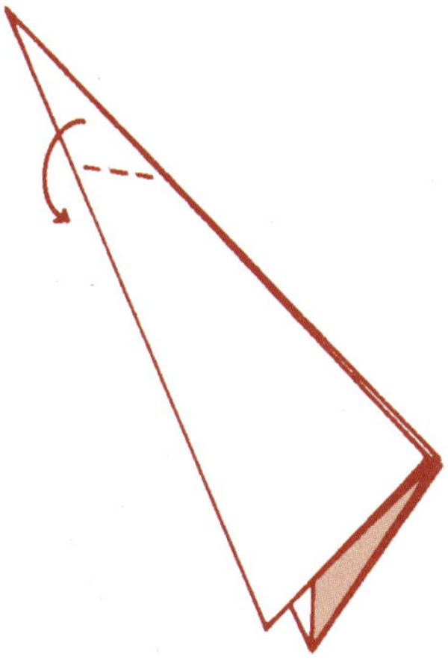

6 Die vordere Kopfhälfte an der gestrichelten Linie nach unten falten. Die hintere Kopfhälfte ebenfalls nach unten falten.

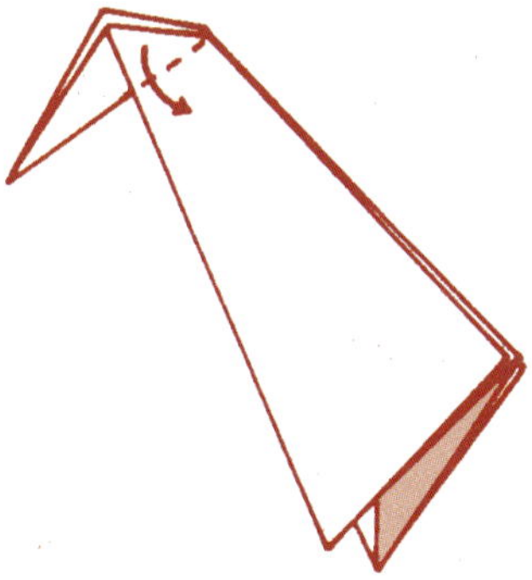

7 Für den Schnabel zuerst die Strichpunktlinie nach innen und dann die gestrichelte Linie nach außen falten.

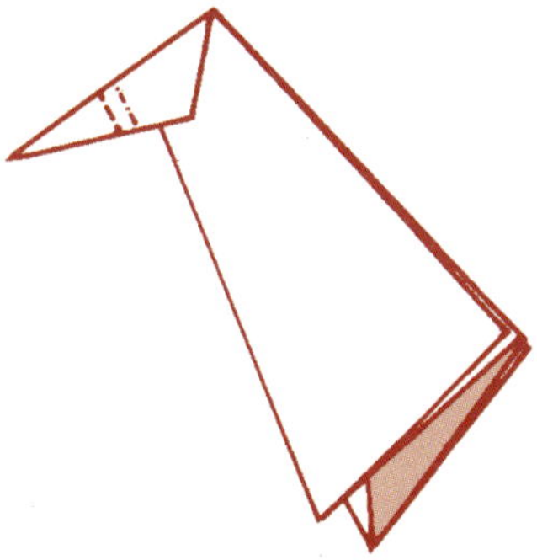

8–9–10 Den Flügel an den gestrichelten Linien nach vorn, nach hinten und wieder nach vorne falten.

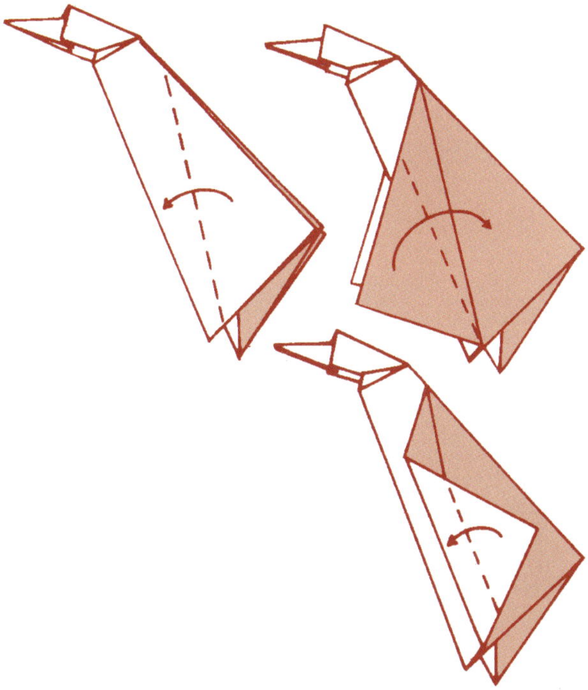

11–12 Für eine Standfläche den Bauch an der Strichpunktlinie nach innen falten.

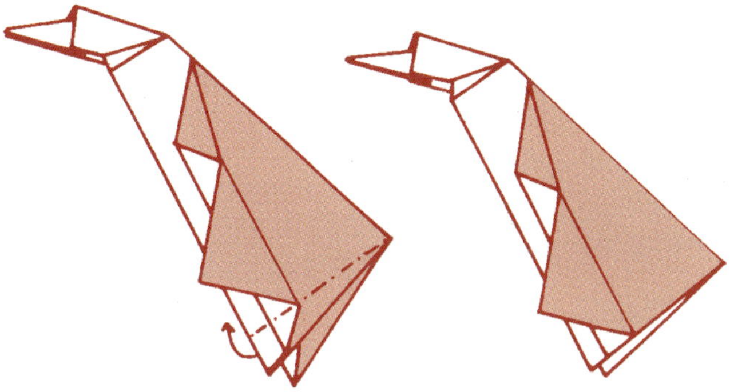

Tipp

Um ein Pinguinjunges zu falten, bietet sich graues oder grau-weißes Papier, 10 cm x 10 cm an. Falten Sie es wie den großen Pinguin, aber falten Sie die Flügel nicht aus. Wenn Sie zweifarbiges Papier verwenden, legen Sie es so, dass bei den ersten Faltschritten die schwarze bzw. graue Seite oben ist.

Ente

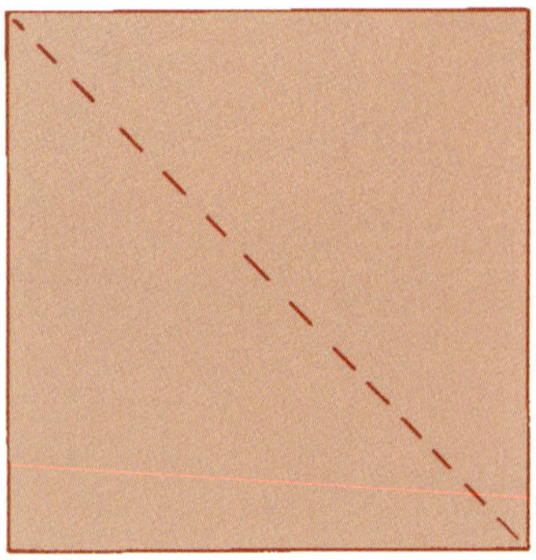

1 Das Papierquadrat diagonal falten und öffnen.

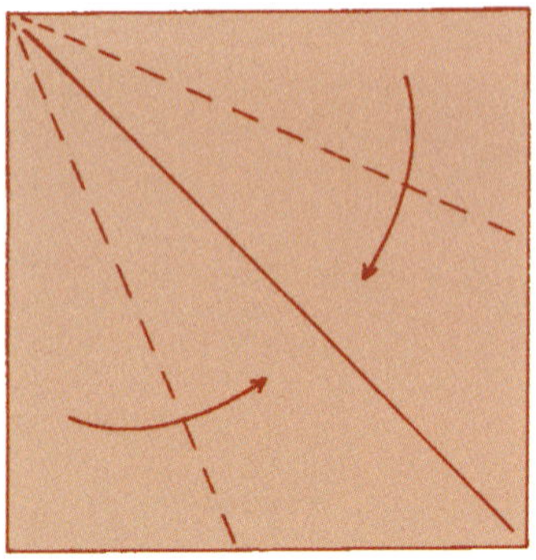

2 Die Seiten an den gestrichelten Linien zur Mitte falten.

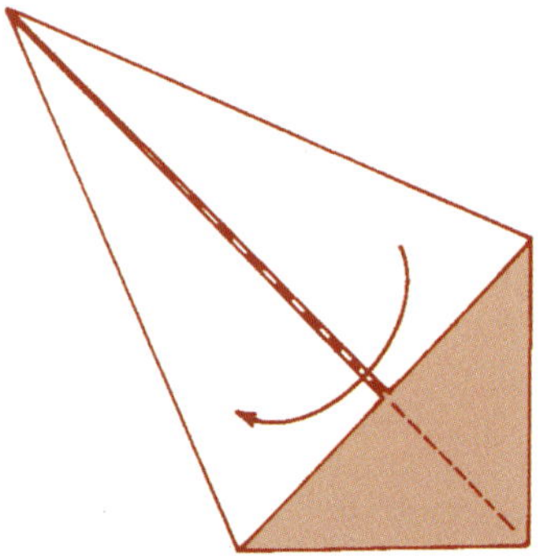

3 Die entstandene Drachenform an der gestrichelten Linie auf die Hälfte falten.

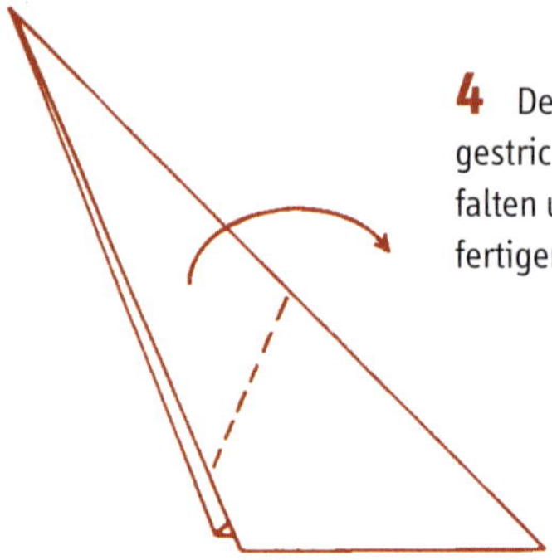

4 Den Entenhals an der gestrichelten Linie nach unten falten und eine Mützenfalte fertigen.

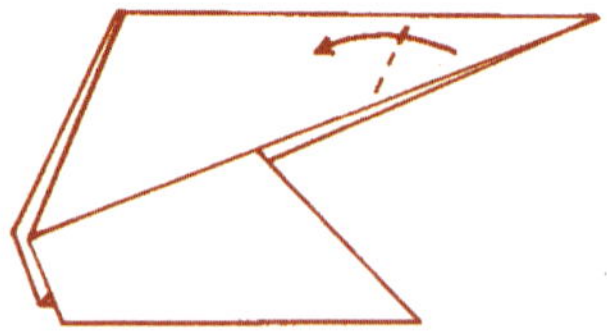

5 Den Hals an der gestrichelten Linie falten und für den Kopf eine Mützenfalte fertigen.

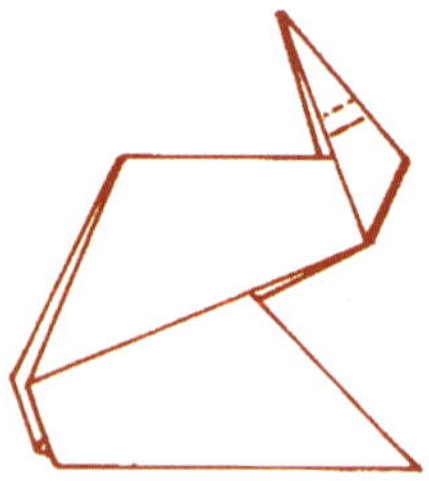

6 Die Mützenfalte öffnen und für den Schnabel zwei Faltungen arbeiten, dann wieder eine Mützenfalte falten.

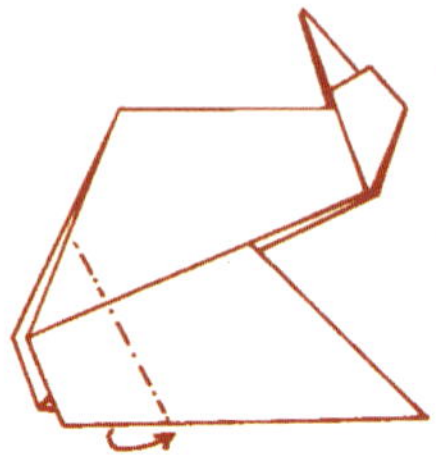

7 Für den Entenbauch den unteren Rand an der Strichpunktlinie nach innen falten.

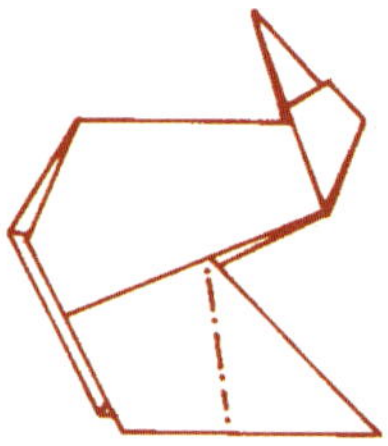

8 Auf dem Entenrücken an der Strichpunktlinie eine Tütenfalte arbeiten und wieder öffnen.

Tipp

Die kleinen Enten sind (nicht nur) im Badezimmer ein netter Hingucker.

Fink

Der Fink wird wie die untere Hälfte des Dinosauriers, Seite 116/117, Arbeitsschritte 1 bis 8 begonnen.

9 Für den Schwanz die Spitze an der gestrichelten Linie nach vorne und dann an der Strichpunktlinie nach hinten falten.

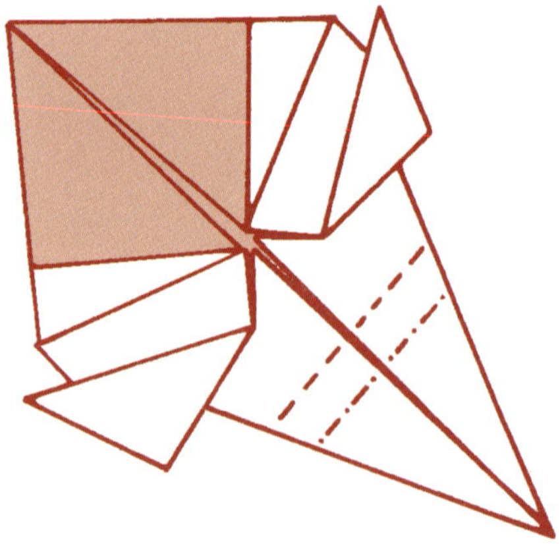

10 Die Figur an der gestrichelten Linie zur Hälfte falten.

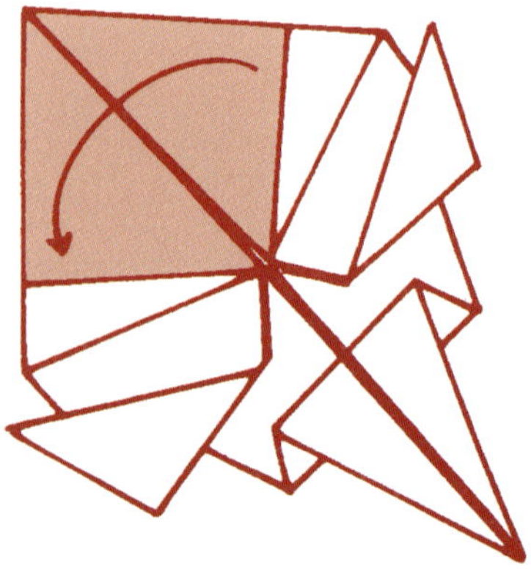

11–12 Für den Schnabel am Kopf an der gestrichelten Linie eine Tütenfalte fertigen.

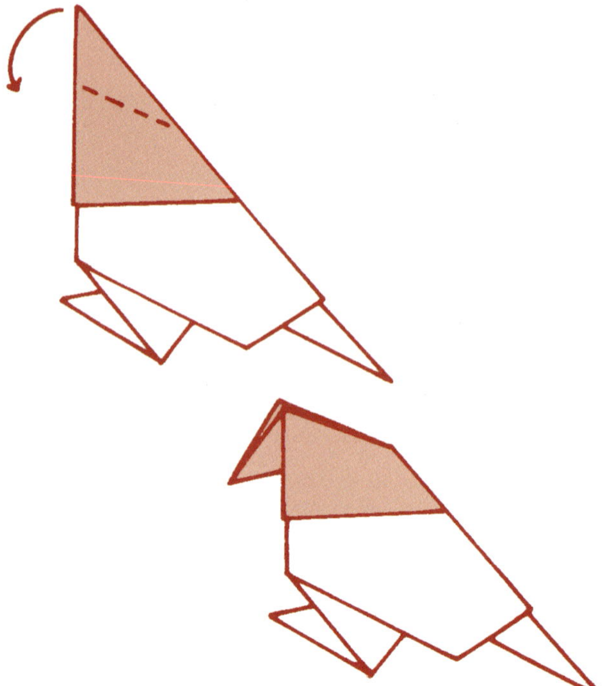

Tipp

Hübsch sehen die Finken auch aus, wenn man ihre Flügel mit kleinen Musterchen versieht.

Fasan

1 Das Papierquadrat, 20 cm x 20 cm, diagonal falten und wieder öffnen.

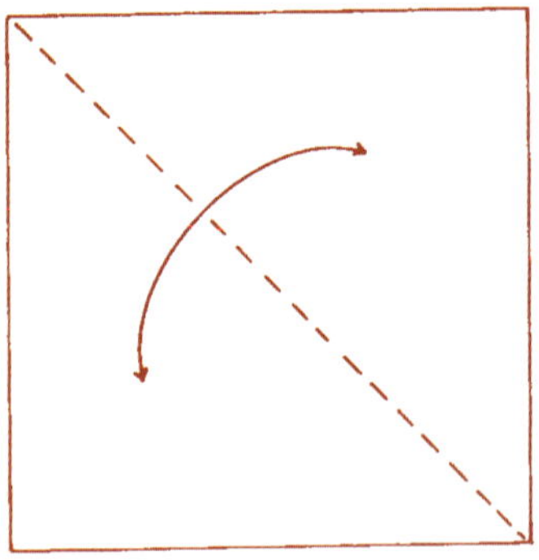

2–3 Die Seiten an den gestrichelten Linien nach innen falten und wieder öffnen.

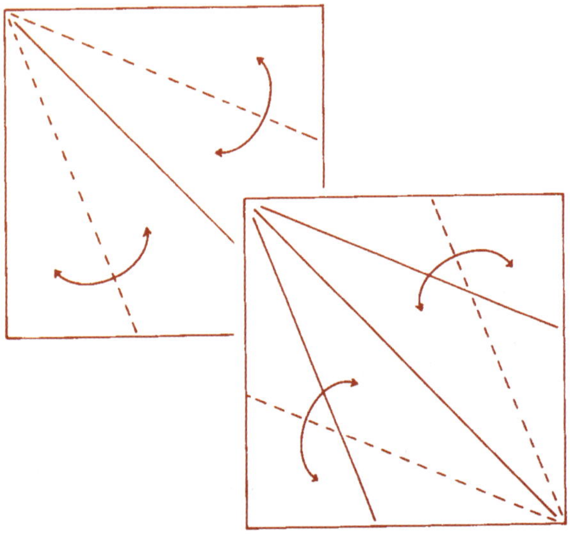

4–5 Werden vom Dreieck rechts oben beide Seiten gleichzeitig zur Mittellinie gefaltet, entsteht eine kleine, nach oben ragende, dreieckige Spitze.

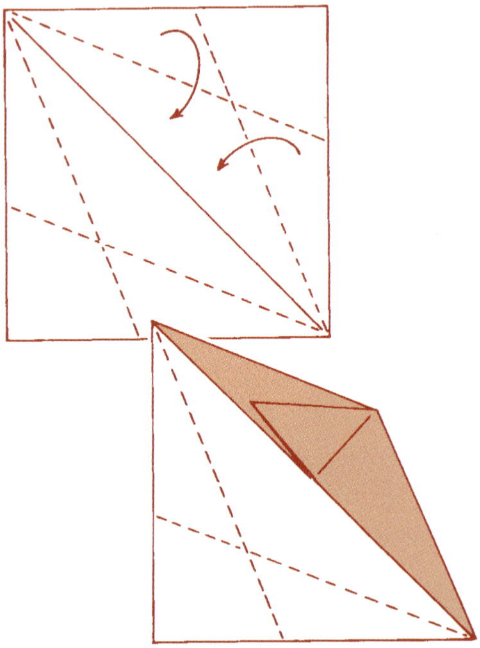

6 Die andere Hälfte ebenso falten. Von der entstandenen Rautenform eine Hälfte an der Strichpunktlinie nach hinten falten.

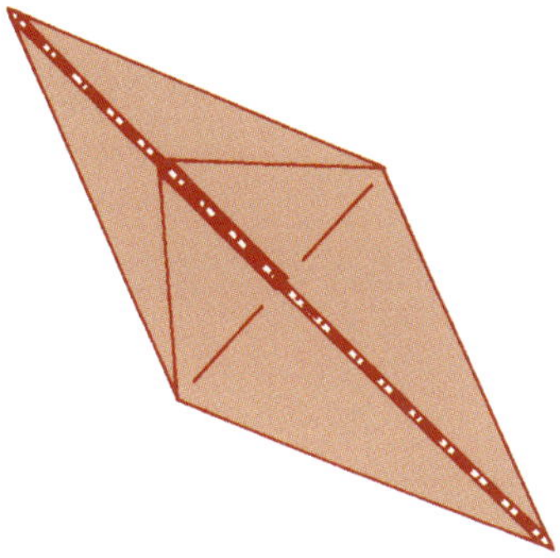

7 Die kleine Dreieckspitze rechtwinklig abspreizen. Durch Drücken auf die obere Faltlinie die Dreieckspitze platt drücken.

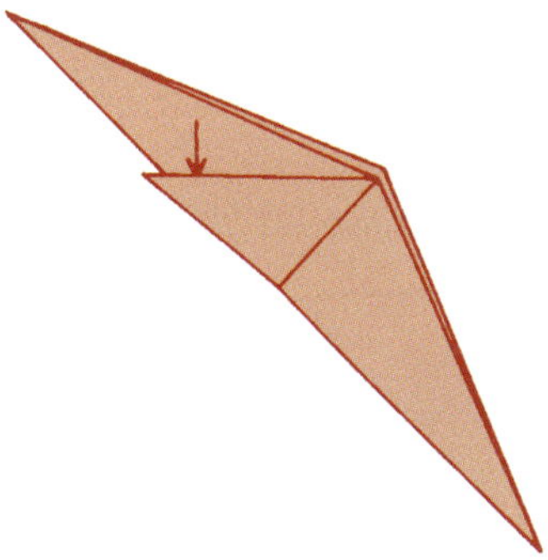

8 Von der platt gedrückten Dreieckspitze die linke Hälfte an der gestrichelten Linie nach rechts falten.

9–10 Für den Hals die linke Spitze an der gestrichelten Linie umklappen.

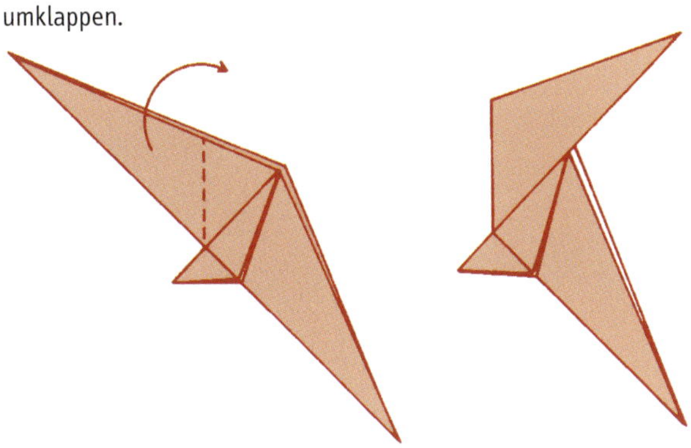

11–12 Den Hals wieder zurückklappen und eine Tütenfalte arbeiten. Für den Kopf die Spitze an der gestrichelten Linie nach unten klappen.

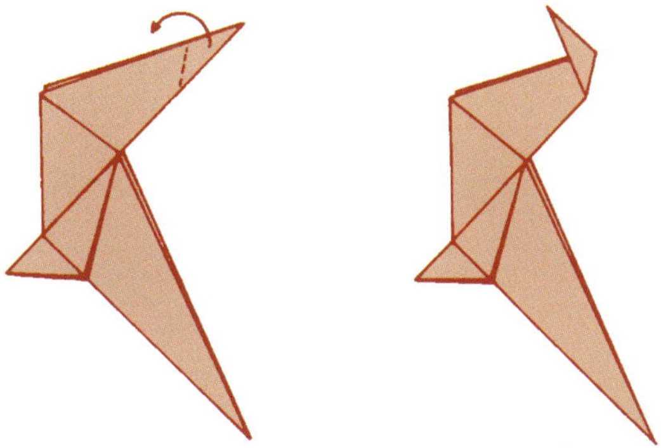

13 Den Kopf wieder nach oben klappen und eine Tütenfalte arbeiten. Für den Fuß das nach unten abstehende Dreieck direkt am Rumpf an der gestrichelten Linie nach oben falten. Das Dreieck nochmals in der Mitte falten. Für den Schwanz den Fasan am Rücken einschneiden (Pfeil) und den oberen Rand an der Strichpunktlinie nach hinten falten.

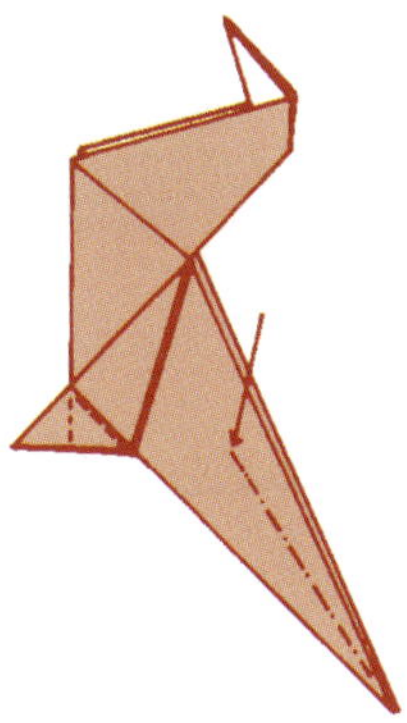

Tipp

Die Fasane sehen besonders gut aus Regenbogen-Transparentpapier aus.

Pfau

1–2 Das Papierrechteck, z. B. A4, an der gestrichelten Mittellinie falten und wieder öffnen. Dann die beiden Ecken zur Mitte falten. Das Papier wenden.

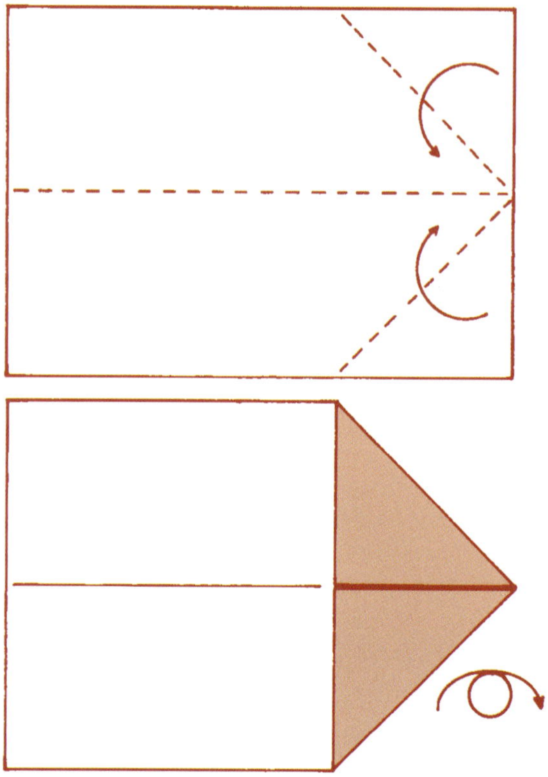

3 Die beiden Seiten an den gestrichelten Linien zur Mitte falten.

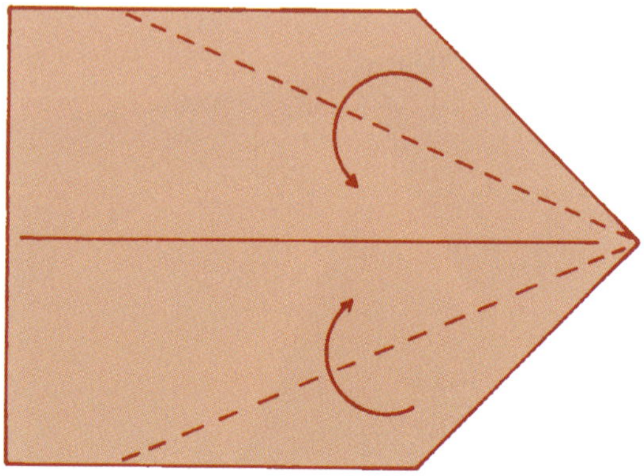

4 Die obere Hälfte an der Strichpunktlinie nach hinten falten.

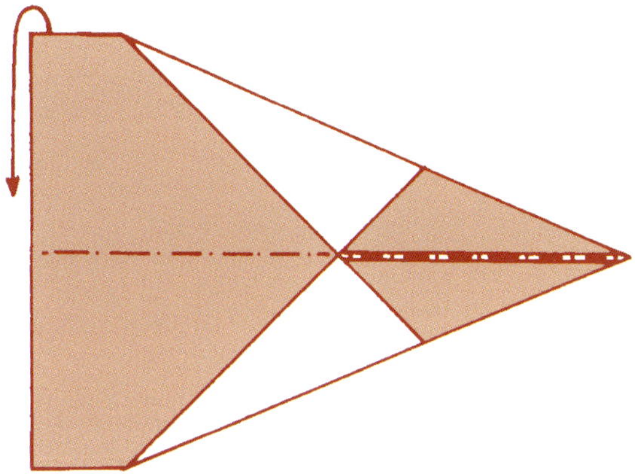

5–6 Die nach rechts weisende Spitze, den späteren Hals, an der gestrichelten Linie nach links umklappen.

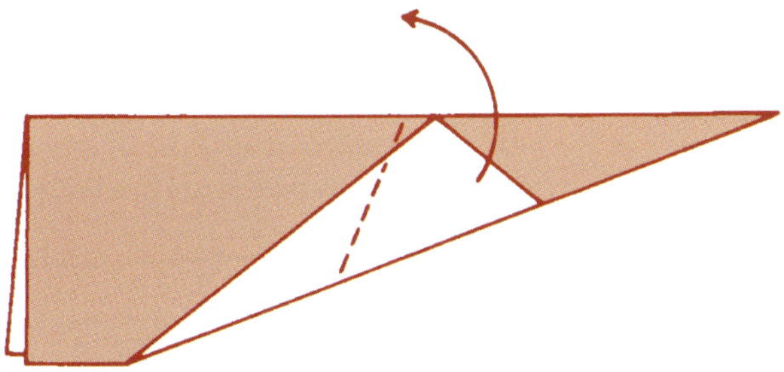

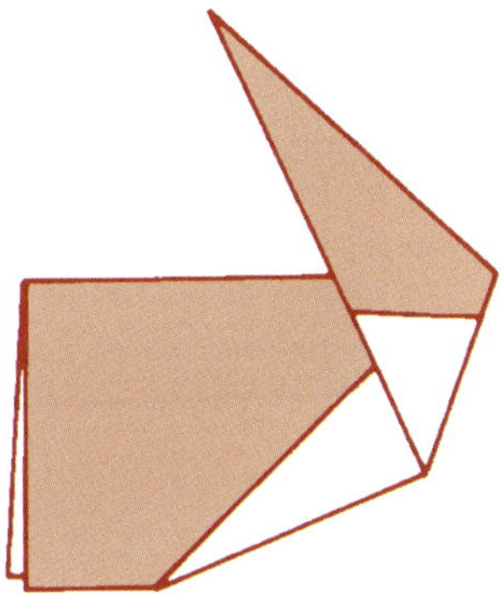

7 Die Spitze wieder zurückklappen, öffnen und eine Mützenfalte arbeiten. Den Kopf an der gestrichelten Linie nach unten klappen.

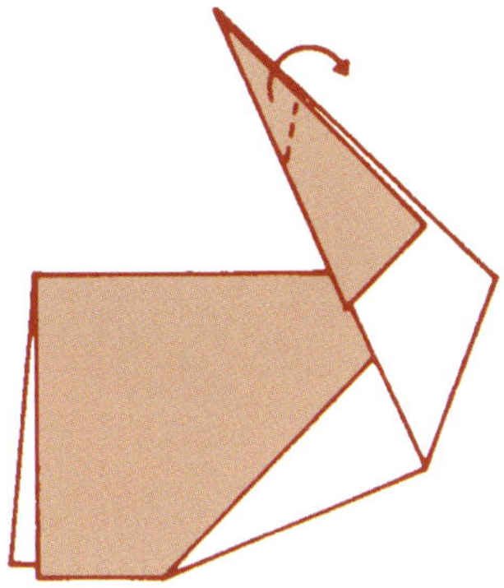

8 Den Kopf wieder nach oben klappen und eine Mützenfalte arbeiten. Für den Schwanz den hinteren Bereich an der gestrichelten Linie nach oben falten.

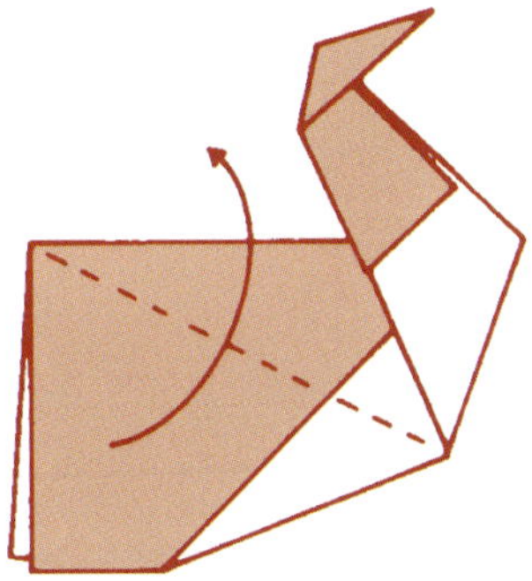

9 An die erste Faltlinie anschließend den restlichen Bereich ziehharmonikaartig auffalten.

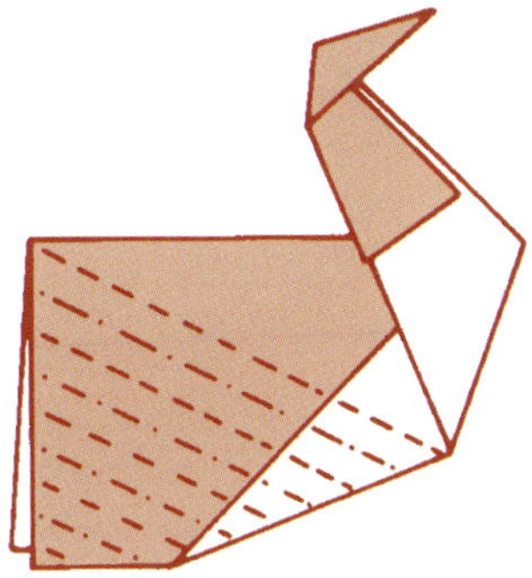

Tipp

Der Pfau ist ein farbenfroher Vogel. Falten Sie ihn aus Regenbogen-Transparentpapier!

Schwan

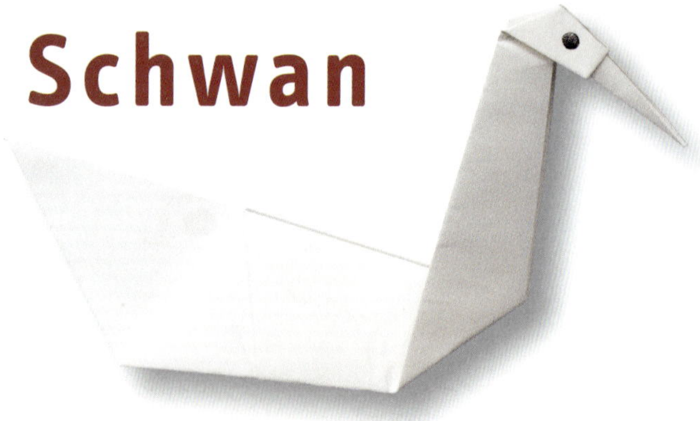

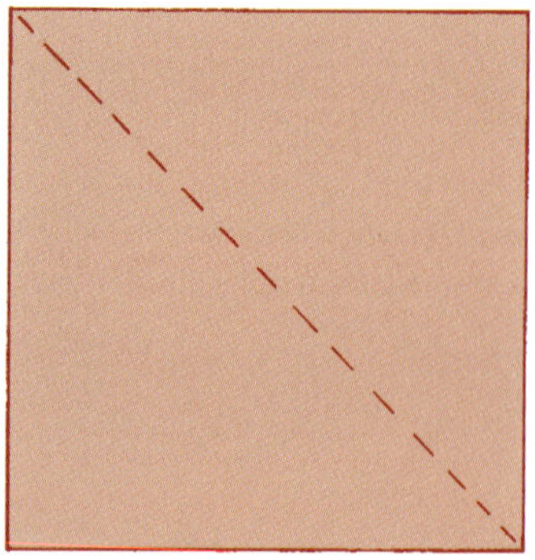

1 Das Papierquadrat diagonal falten und wieder öffnen.

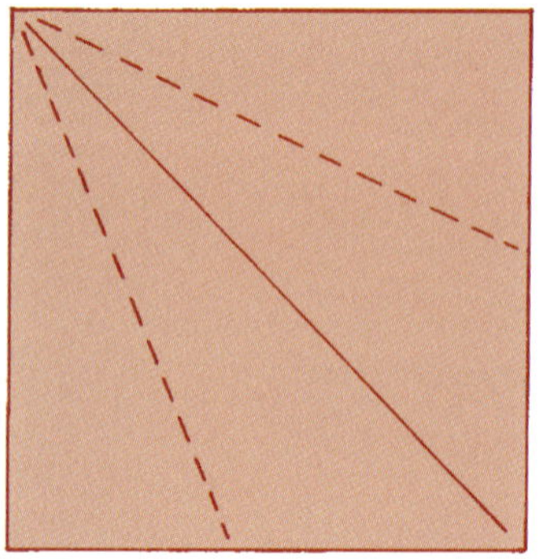

2 Die Seiten an den gestrichelten Linien zur Mitte falten.

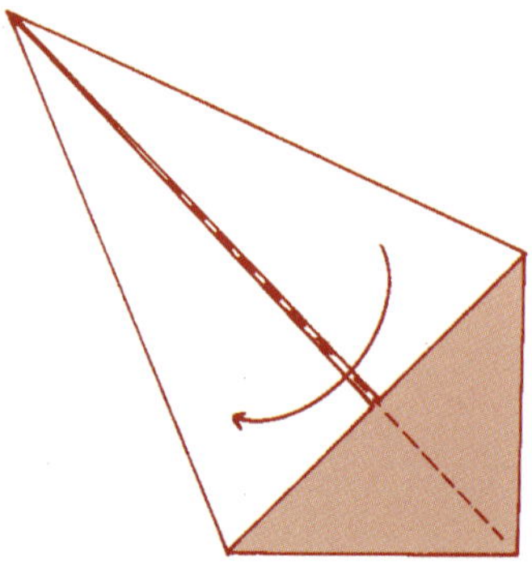

3 Die Drachenform an der gestrichelten Linie zu einem Dreieck falten.

4 Die Seite als Flügel an der gestrichelten Linie nach oben falten.

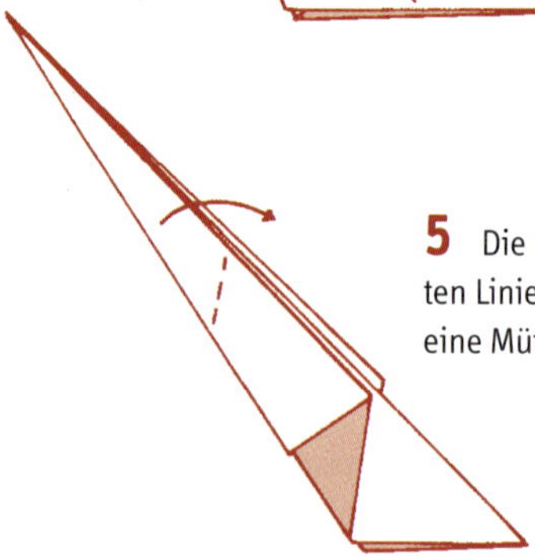

5 Die Figur an der gestrichelten Linie nach oben falten und eine Mützenfalte fertigen.

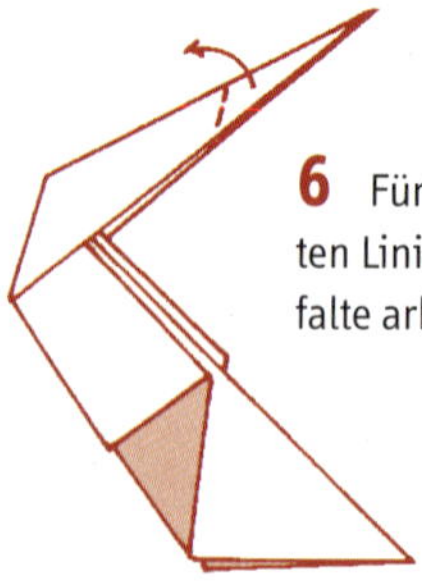

6 Für den Kopf den Hals an der gestrichelten Linie nach unten falten und eine Mützenfalte arbeiten.

7–8 Für den Schnabel die Spitze am Kopf an der ersten Linie nach hinten und an der zweiten Linie nach vorne falten.

Tipp

Witzig ist es, wenn Sie den Schwan aus Aquapapier falten. So können Sie ihn mit in die Badewanne nehmen.

Einfacher Kranich

Der einfache Kranich wird aus der Grundform 2, Doppelspitze, Seite 10, Arbeitsschritte 1 bis 8 gefaltet.

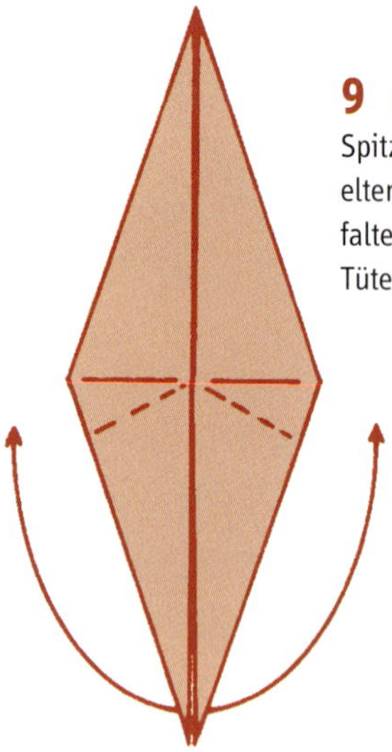

9 Die beiden unteren Spitzen an den gestrichelten Linien nach oben falten und jeweils eine Tütenfalte fertigen.

10 Den Kopf an der gestrichelten Linie falten und eine Tütenfalte fertigen.

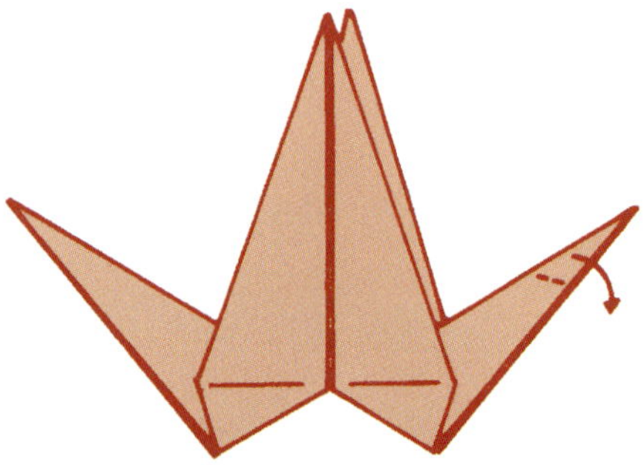

11–12 Die Flügel an der gestrichelten Linie nach unten falten.

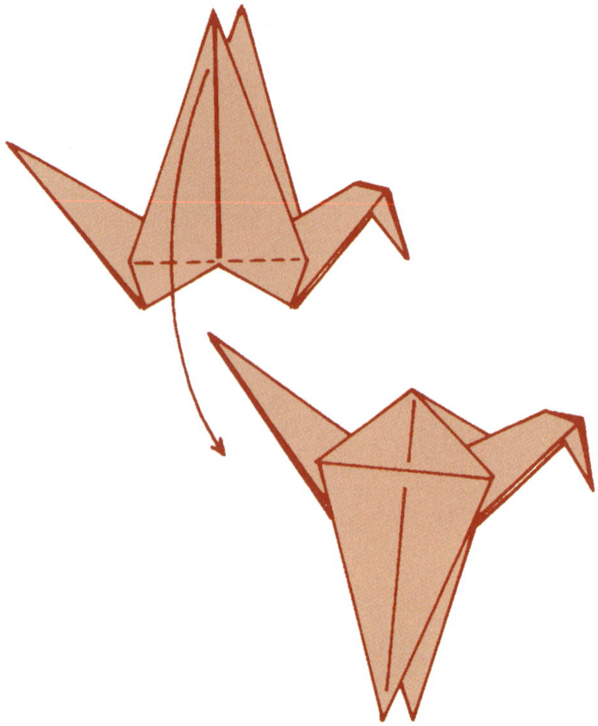

Tipp

Die Kraniche machen sich sehr gut als Mobile. Hübsch sieht es aus, wenn Sie nur Papier in zwei aufeinander abgestimmten Farbtönen verwenden.

Filigraner Kranich

Auch der filigrane Kranich wird aus der Grundform 2, Doppelspitze, Seite 10, Arbeitsschritte 1 bis 8 gefaltet.

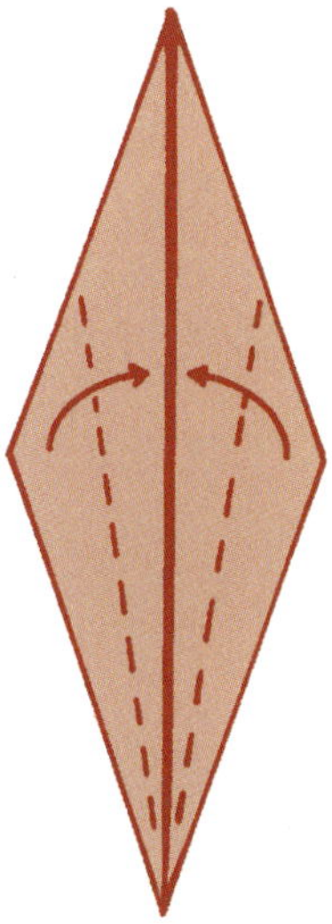

9–10 Die Seitenflügel an den gestrichelten Linien zur Mitte falten. Die Form wenden und die hinteren Seitenflügel ebenfalls zur Mitte falten.

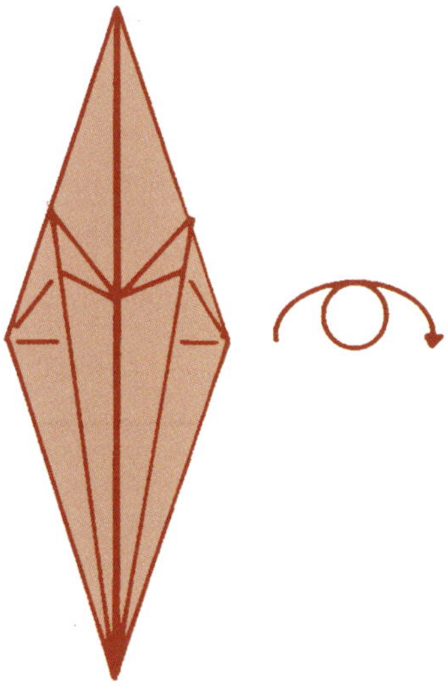

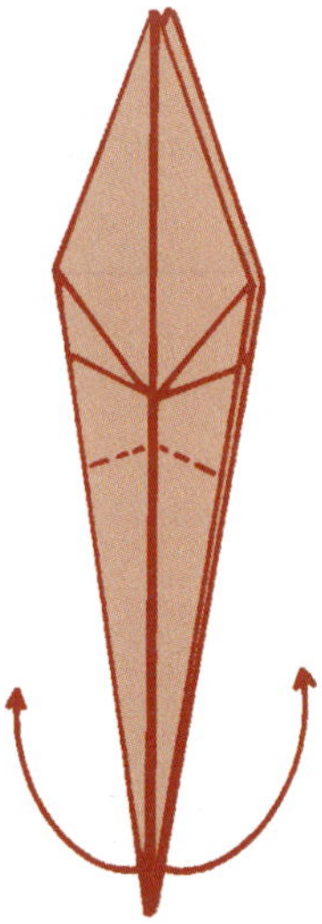

11 Die beiden unteren Spitzen an den gestrichelten Linien nach oben falten und dann jeweils eine Tütenfalte fertigen.

12–13–14 Am Hals den Schnabel als Tütenfalte fertigen. Die Flügel an den gestrichelten Linien nach unten falten.

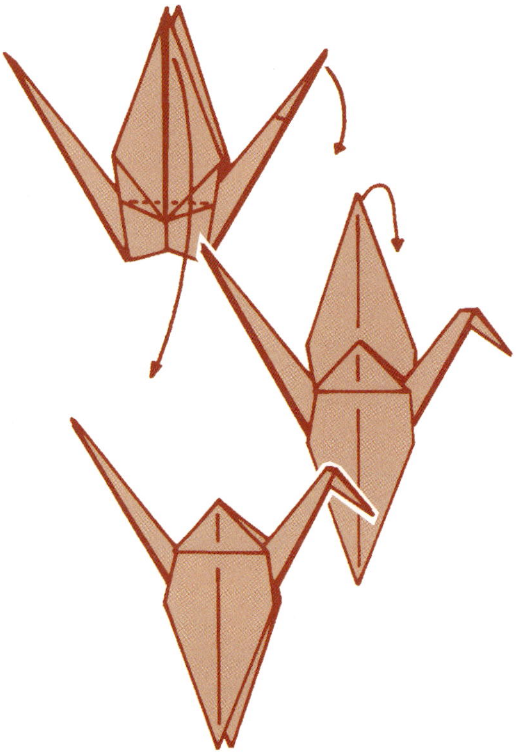

Tipp

Dieser Kranich ist zarter als der einfache Kranich. Hübsch sehen beide Versionen als Stecker aus. Dazu ein Stück Steckdraht, ø 1 mm, in den Kranichbauch stecken.

Vogel

Für den Vogel erst die Arbeitsschritte 1 bis 8 von der Doppelspitze, Seite 10, falten.

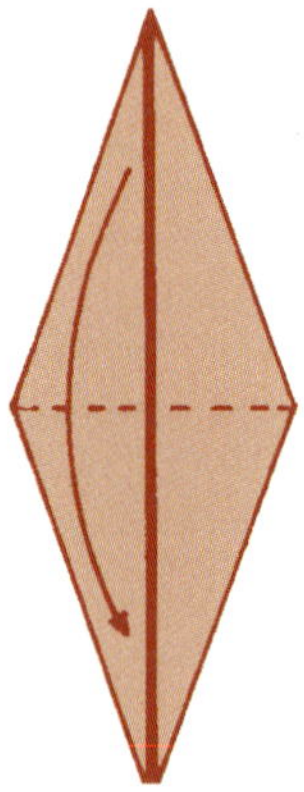

9 Die obere vordere Spitze an der gestrichelten Linie nach unten falten.

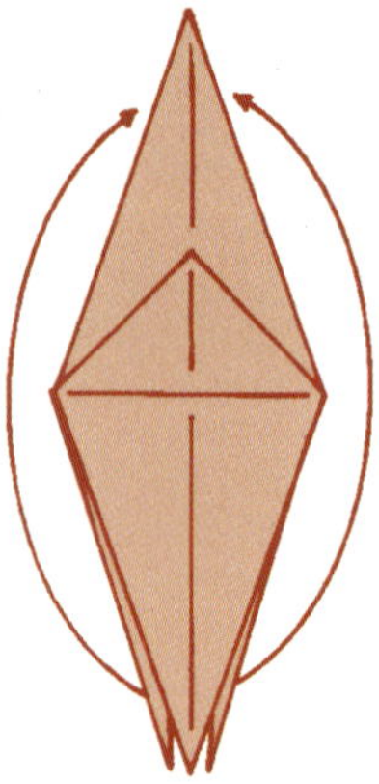

10 Die beiden schmalen Spitzen auf der Rückseite nach oben falten.

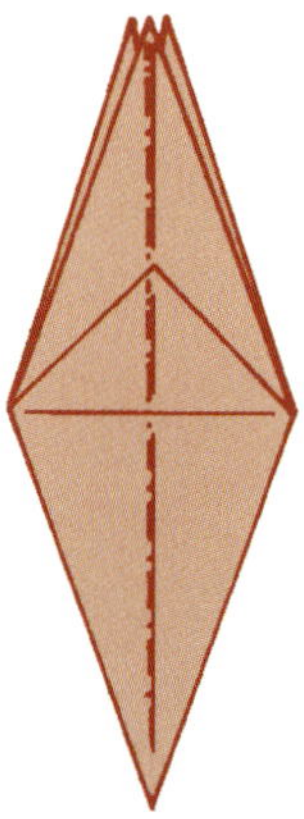

11 Die Figur entlang der Strichpunktlinie (Bergfalte) auf die Hälfte falten.

12 Für den Hals die Figur an der gestrichelten Linie nach oben umklappen und eine Mützenfalte arbeiten.

13 Den Hals an der gestrichelten Linie nach unten falten und eine Mützenfalte arbeiten.

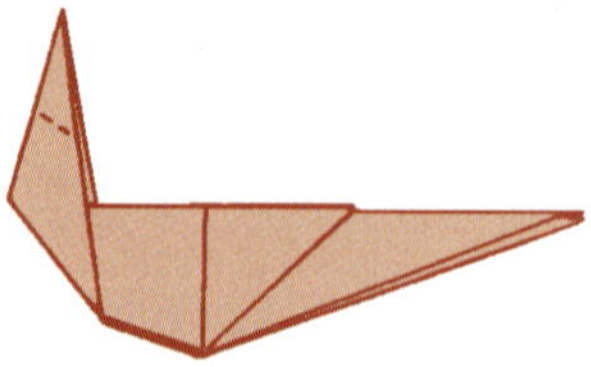

14–15 Den Kopf aufklappen und die Spitze für den Schnabel an der ersten Linie nach hinten und an der zweiten wieder nach vorne falten.

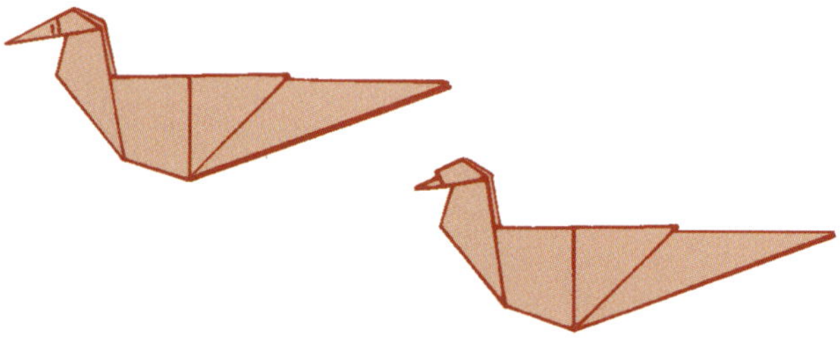

Tipp

Besonders hübsch sehen die Vögel aus Papieren mit organisch anmutenden Mustern aus. Sie machen sich auch an einem Faden befestigt als Anhänger gut.

TIERE

Außer Vögeln kann man auch noch allerhand andere Tiere falten. Von prähistorischen Sauriern bis zu Robbe, Schildkröte und Fuchs, hier finden Sie so manchen Vierbeiner. Also los: Stellen Sie sich Ihren individuellen Origami-Zoo zusammen! Und eins ist garantiert: Die netten Tiere sind auch gern genommene Geschenke.

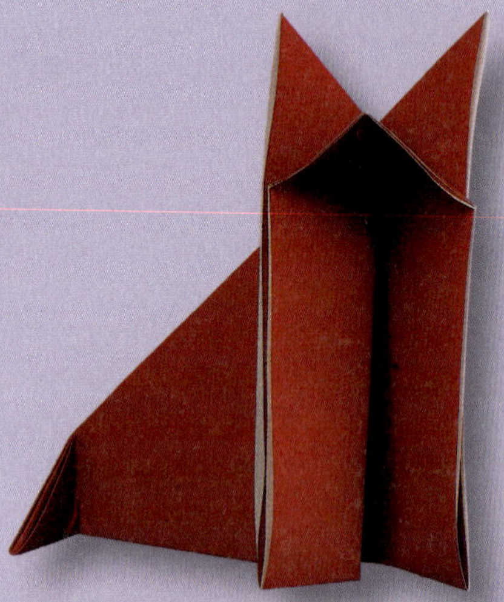

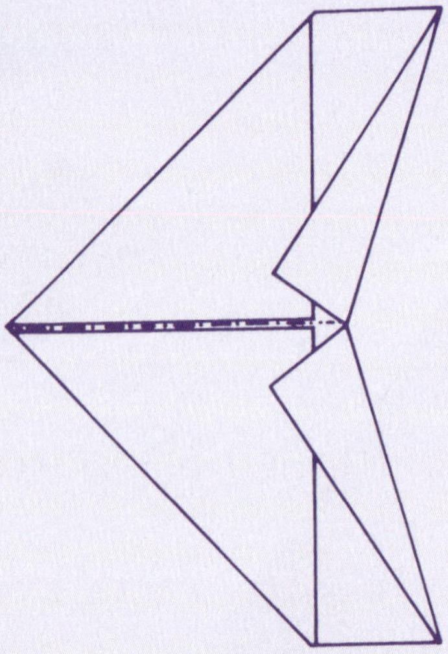

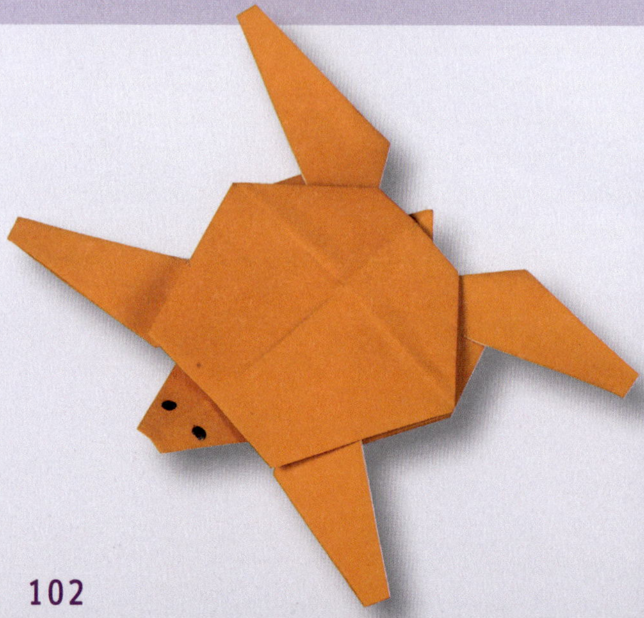

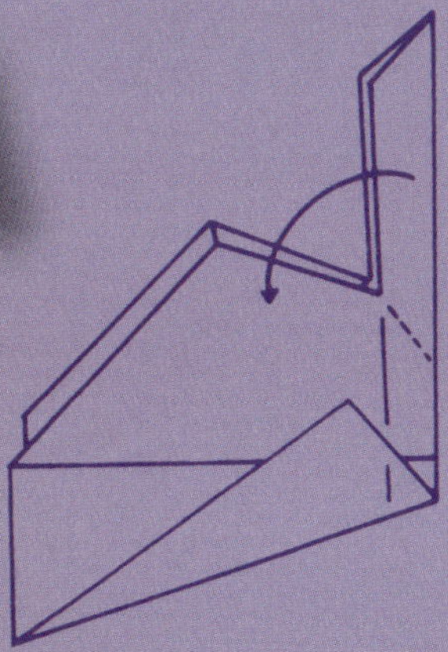

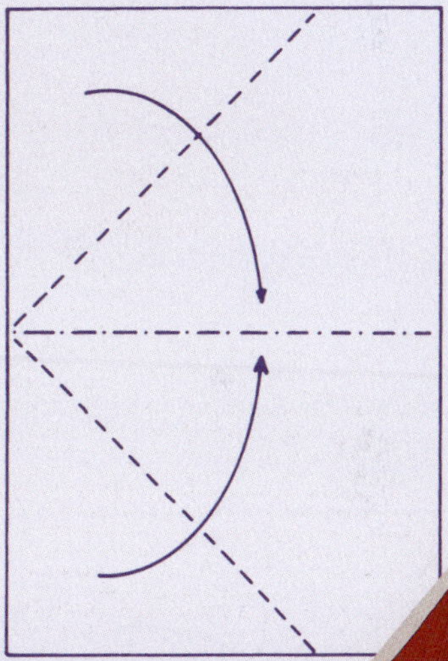

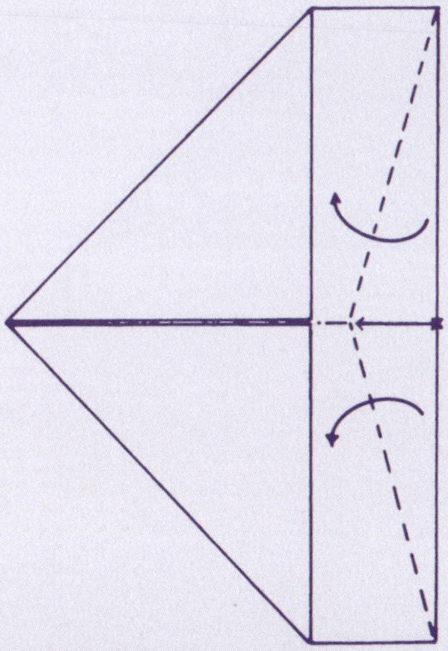

Fledermaus

1 Das zweifarbige Papierquadrat an der gestrichelten Linie falten.

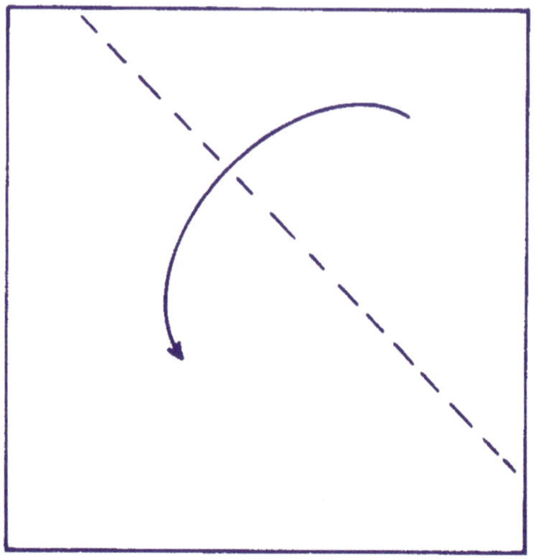

2 Die entstandene Form an der Strichpunktlinie nach hinten falten.

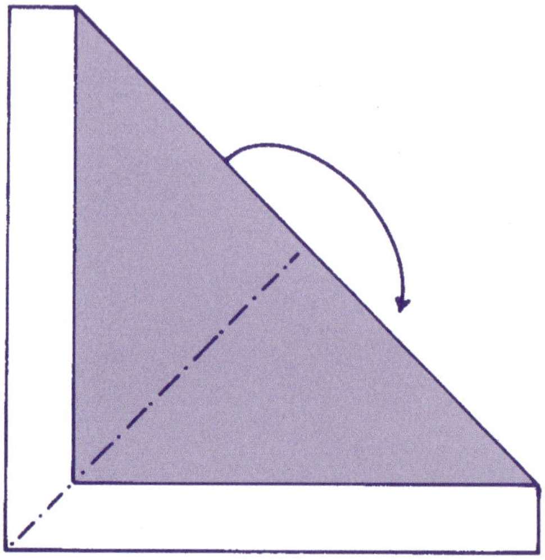

3 An den beiden kurzen Pfeilen mit der Schere einschneiden. Die Flügel auf der Vorder- und Rückseite an der gestrichelten Linie nach oben falten.

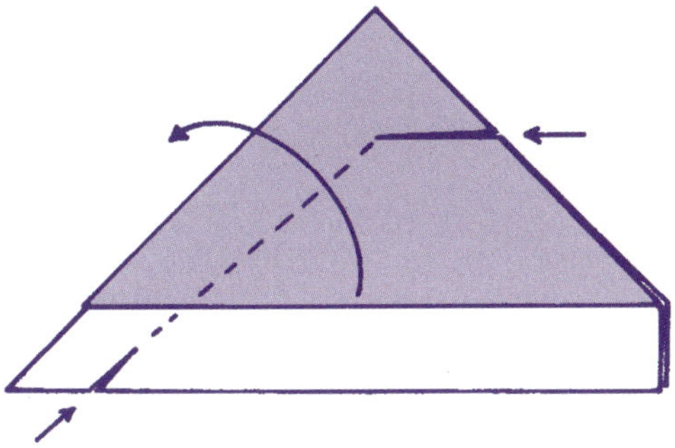

4–5 Die Flügel an den gestrichelten Linien nach unten und dann nach oben falten.

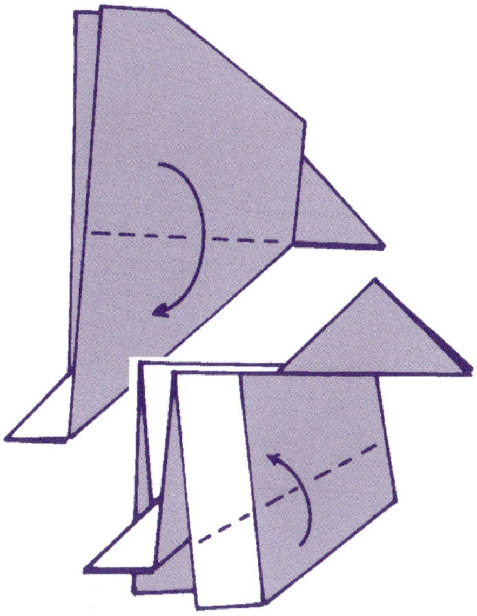

6 Am Kopf die beiden Spitzen an der gestrichelten Linie auf beiden Seiten nach hinten falten.

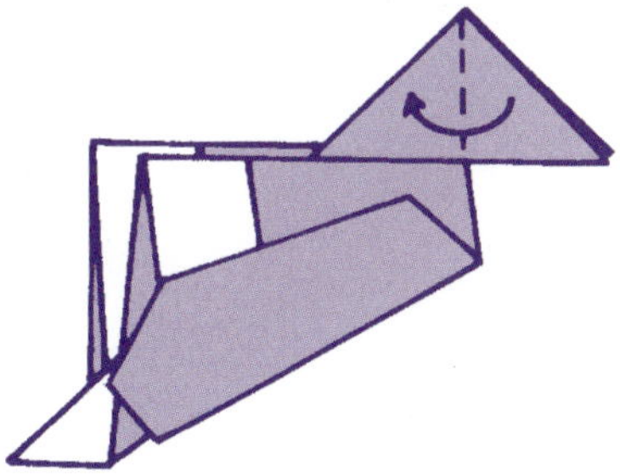

7–8–9 Die beiden nach hinten gefalteten Spitzen auf beiden Seiten als Ohren an den gestrichelten Linien nach vorne und dann nach hinten falten.

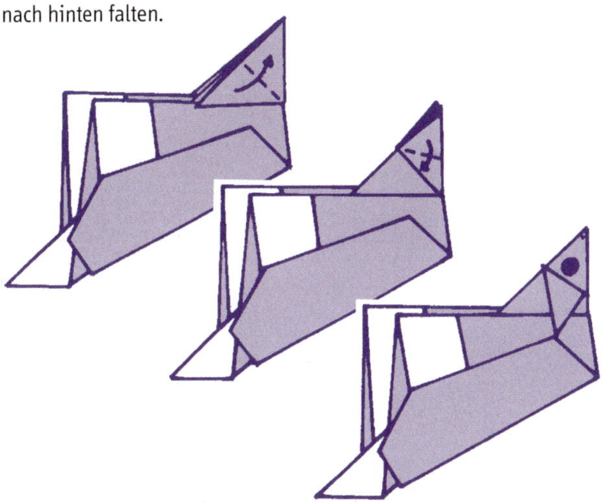

10 Die Flügel spreizen und die Füße als kleine Dreiecke an den Einschnitten am Schwanz umklappen. Evtl. noch Augen aufmalen oder aufkleben.

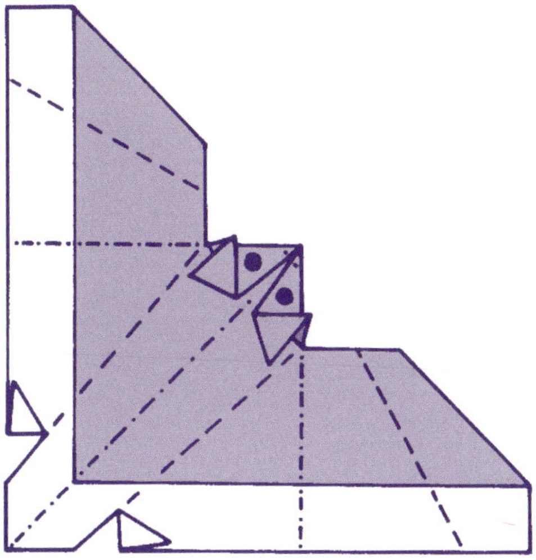

Tipp

Befestigen Sie mithilfe einer Nadel einen Faden an den Fledermäusen und hängen Sie sie auf. Fertig ist die Herbst-Halloween-Dekoration!

Antilopenkopf

Der Antilopenkopf wird aus der Grundform 2, Doppelspitze, Seite 10, Arbeitsschritte 1 bis 7 gefaltet. Am besten sieht er aus, wenn man ihn aus zweifarbigem Faltpapier arbeitet.

8–9 Die Doppelspitze von oben (kleiner Pfeil) bis zur Mitte einschneiden. Die entstandenen Hörner an den gestrichelten Linien nach außen und dann nach innen falten.

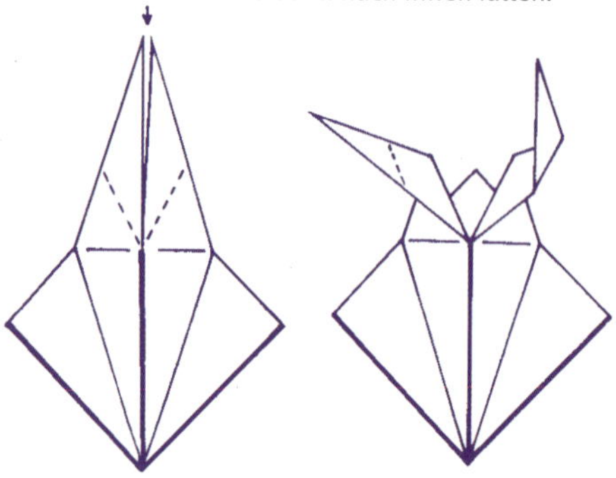

10–11 Von unten die beiden Dreiecke an den gestrichelten Linien nach oben falten. Die Figur wenden.

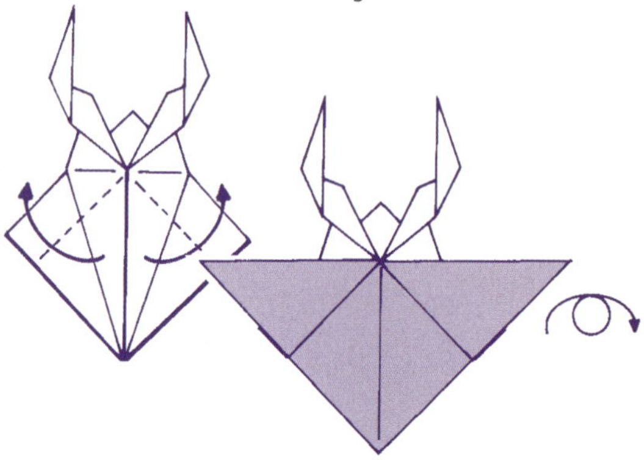

12 Das Dreieck zwischen den Hörnern nach unten falten.

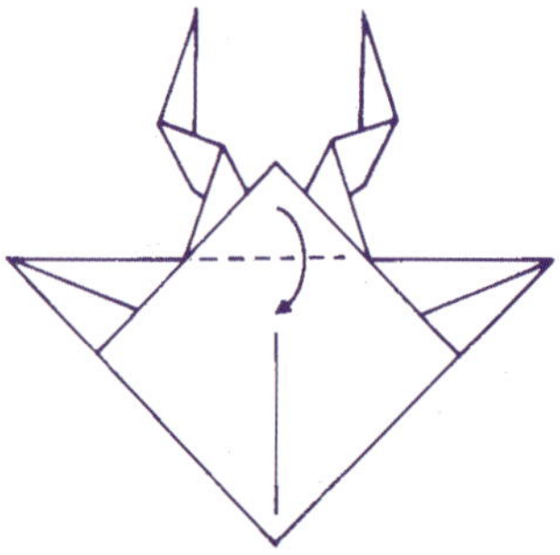

13 Die Seiten an den gestrichelten Linien nach innen falten.

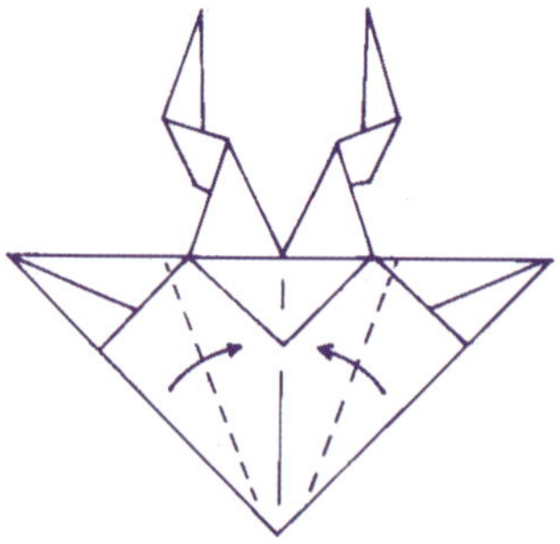

14–15 Die Ohren an den gestrichelten Linien nach außen falten und den Kopf wenden.

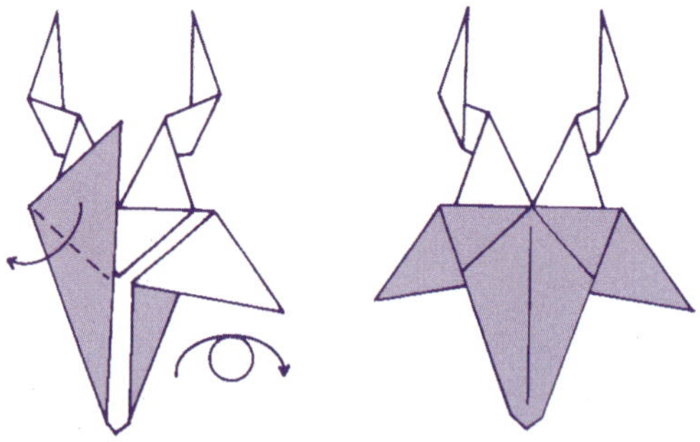

Tipp

Je nachdem, wie Sie die Hörner falten oder die Schnauze zusätzlich nach hinten umfalten, bekommen Sie ganz unterschiedliche Antilopenköpfe.

Meeresschildkröte

Die Meeresschildkröte wird aus der Grundform 2, Doppelspitze, Seite 10, Arbeitsschritte 1 bis 8 gefaltet.

9–10 Die vordere Spitze an der gestrichelten Linie nach unten falten. Die Form wenden.

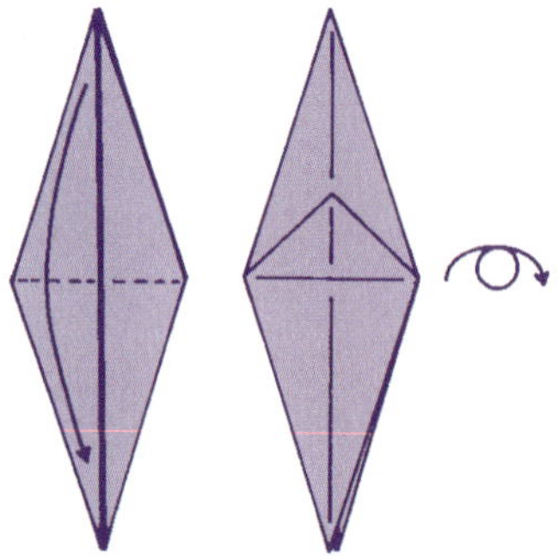

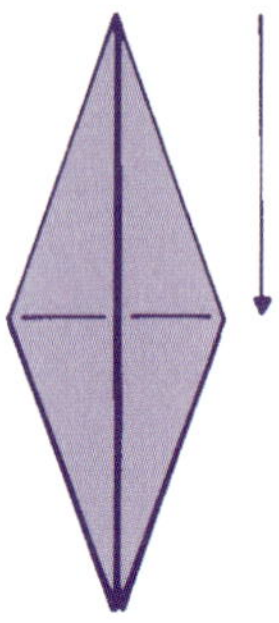

11 Die Form in der Mitte von oben bis zur Mittellinie einschneiden.

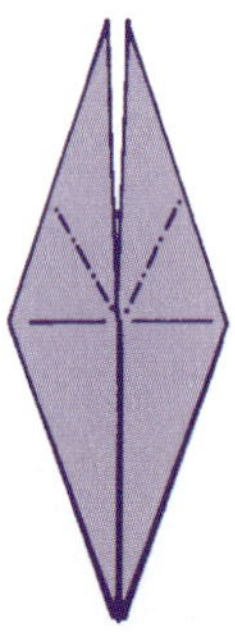

12 Die beiden Spitzen von oben an den Strichpunktlinien als Hinterbeine nach hinten falten.

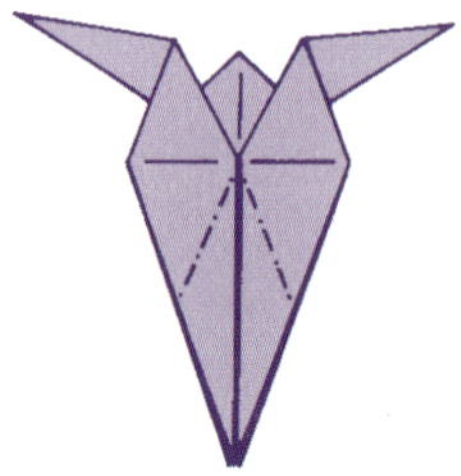

13 Von unten die beiden Spitzen als Vorderbeine an den Strichpunktlinien nach hinten falten.

14–15 Für Kopf und Schwanz beide Teile zuerst an den gestrichelten Linien zur Mitte und dann an den Strichpunktlinien nach außen falten. Die Spitze am Kopf nach oben falten. Wenden.

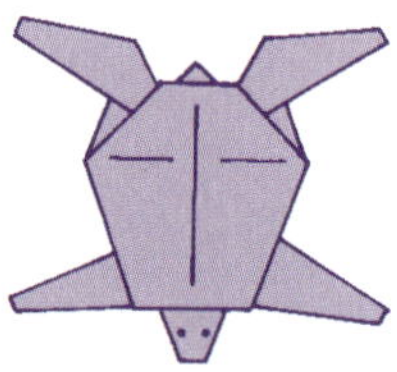

16 Auf die fertige Schildkröte Augen aufmalen.

Tipp

In der chinesischen Lehre des Feng Shui steht die Schildkröte für Ruhe, Geborgenheit und Schutz. Damit ist sie einer der wichtigsten Glücksbringer und ein schönes Geschenk.

Robbe

Die Robbe wird aus der Grundform 2, Doppelspitze, Seite 10, Arbeitsschritte 1 bis 8 gefaltet.

9–10 Die vordere Spitze an der gestrichelten Linie nach unten falten.

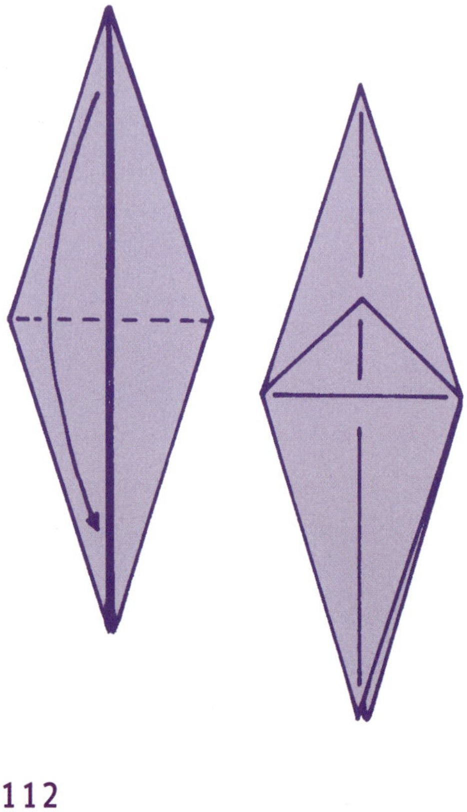

11–12 Die Figur an der gestrichelten Linie nach hinten falten.

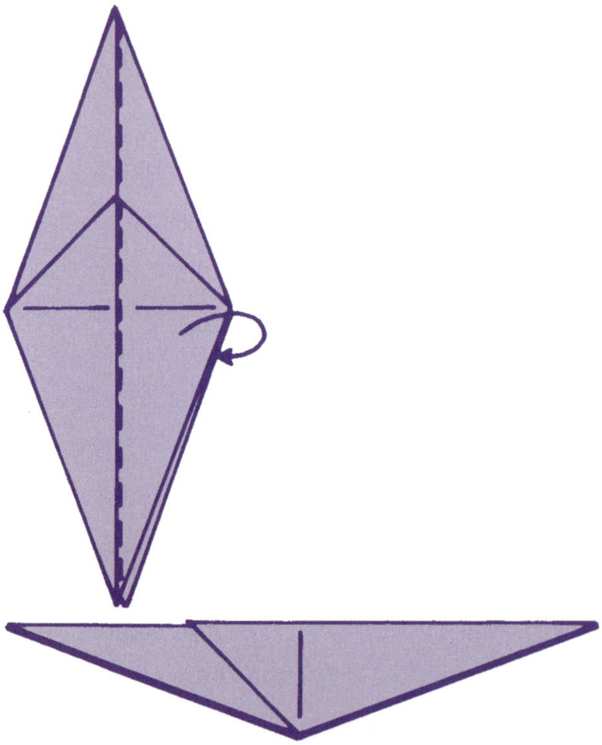

13 Den Kopf als Tütenfalte fertigen.

14 Die vordere Kopfhälfte an der gestrichelten Linie nach rechts falten. Wenden und die andere Kopfhälfte ebenfalls falten.

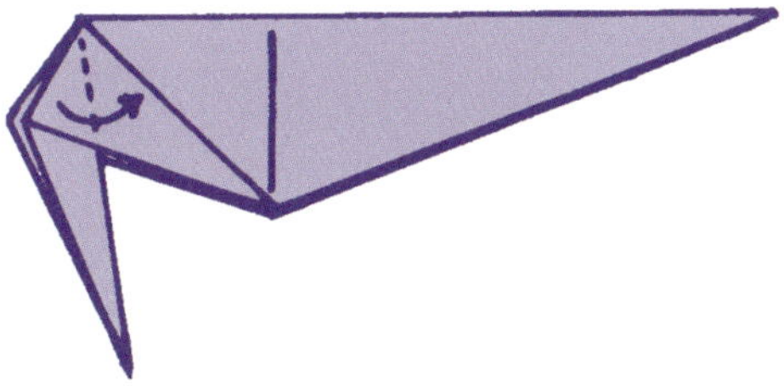

15 Die Schnauzenspitze nach innen falten.

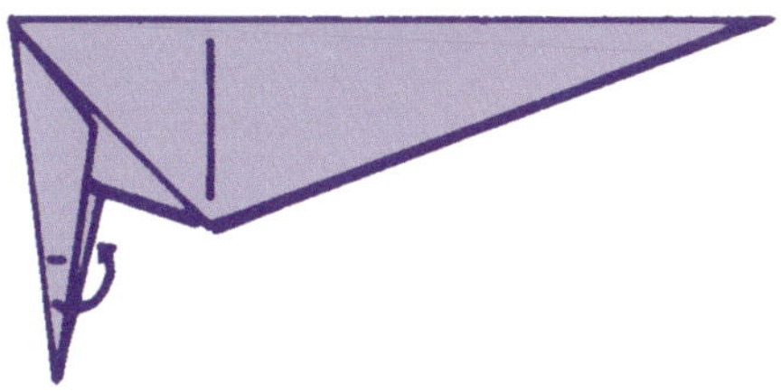

16–17 Den Kopf anheben.

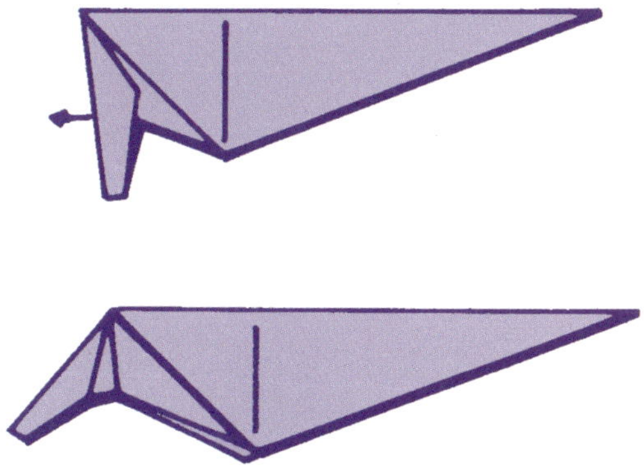

18 Für die Hinterflossen den Rumpf von hinten einschneiden (Pfeil) und die Hinterflossen an der gestrichelten Linie nach oben falten. Für die Armflossen die beiden Spitzen an der Rumpfunterseite nach außen falten. Nach Belieben Augen aufmalen.

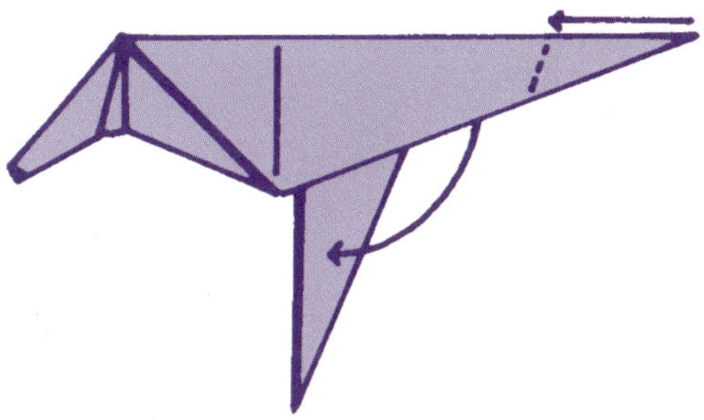

Tipp

Robben sind sehr verspielt. Sie freuen sich, wenn man ihnen einen bunten Ball, siehe Seite 73, faltet.

Dinosaurier

Die Figur besteht aus zwei Teilen, der unteren und der oberen Körperhälfte, die nach dem Falten aufeinander gesetzt werden.

Untere Körperhälfte

1 Das Papierquadrat diagonal falten und öffnen.

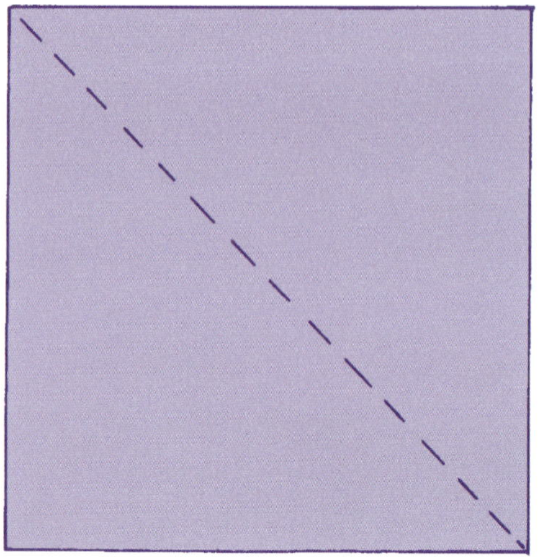

2 Die beiden Seiten an den gestrichelten Linien zur Mitte falten.

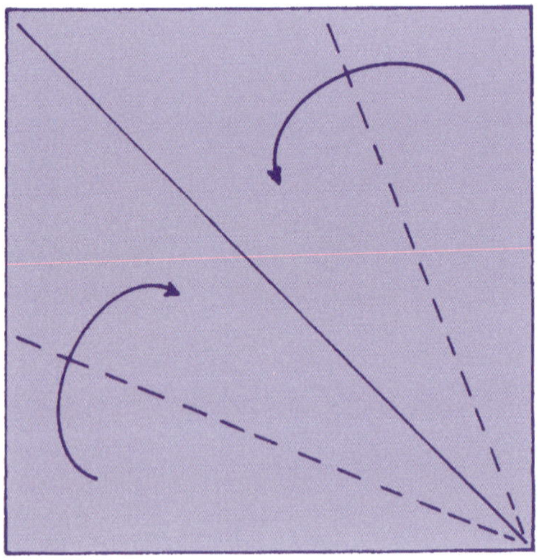

3 Bei der entstandenen Drachenform die Spitze an der Strichpunktlinie nach hinten falten.

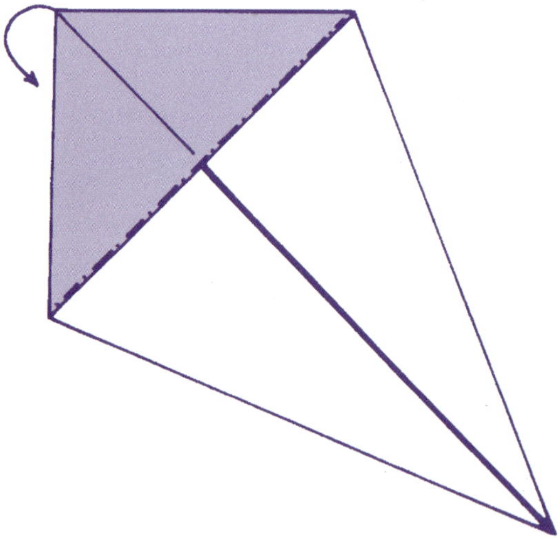

4–5 Bei der entstandenen Dreiecksform zwei Ecken an den gestrichelten Linien nach innen falten.

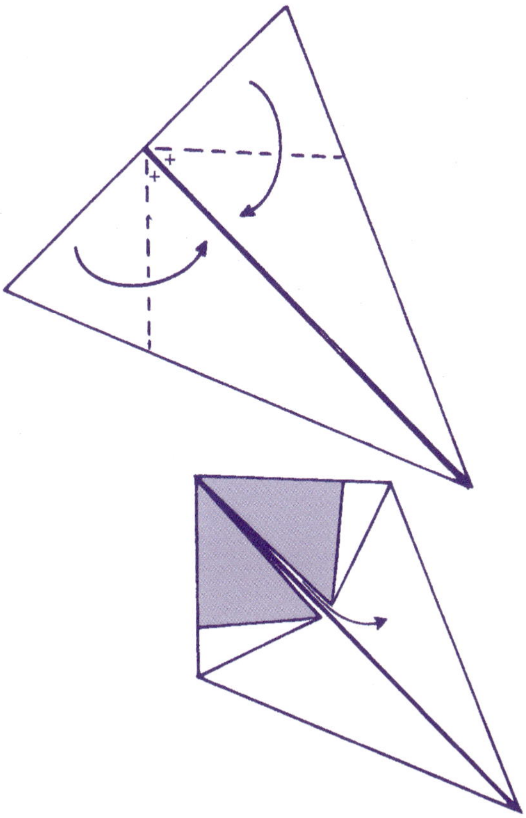

6 Die rechte Hälfte der Drachenform öffnen und die nach oben ragende Spitze falten. An dem kleinen Kreuz kann man sehen, wie gefaltet wird. Auf der linken Hälfte eine zweite Spitze falten.

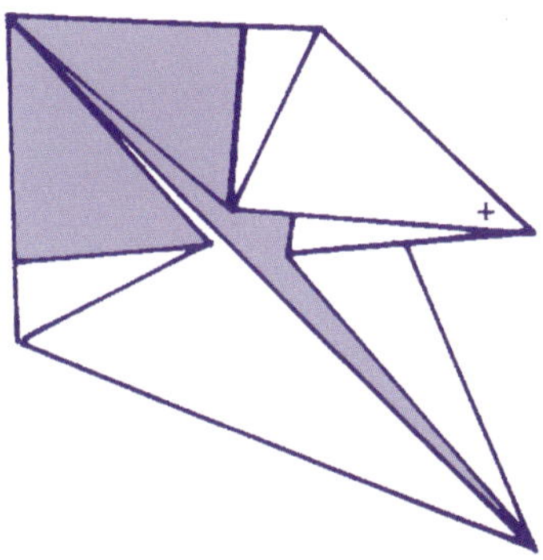

7 Die beiden Spitzen an den gestrichelten Linien als Füße umklappen.

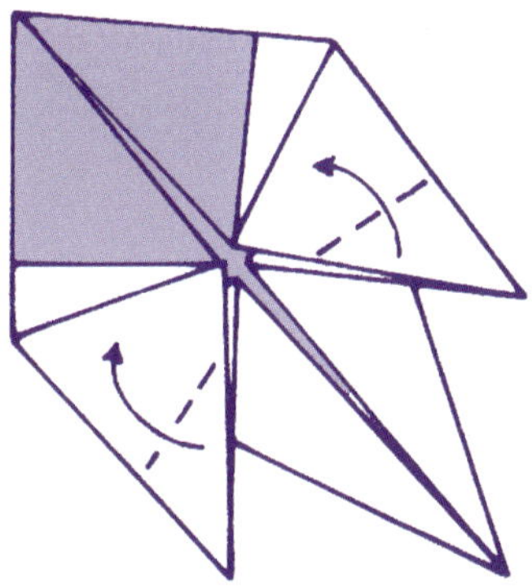

8–9 Die Form an der gestrichelten Linie falten. Der Unterkörper ist fertig.

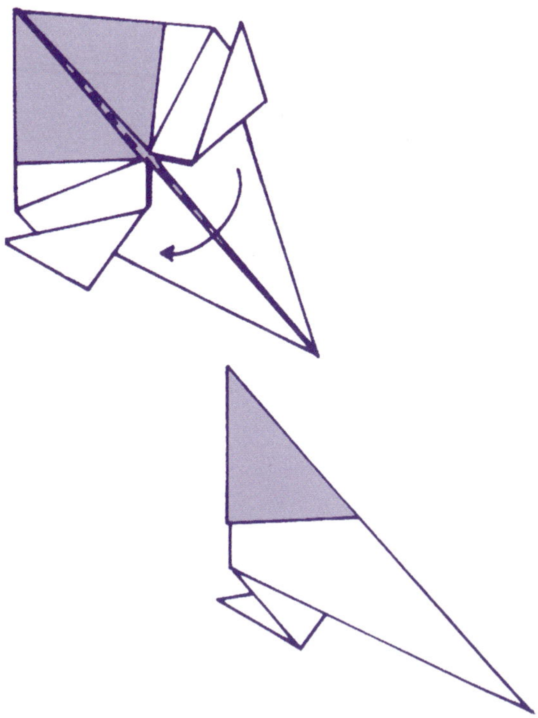

Obere Körperhälfte

Die Arbeitsschritte 1 bis 6 wie die untere Körperhälfte falten.

7–8 für die Vorderbeine die nach oben ragenden Spitzen an den gestrichelten Linien falten.

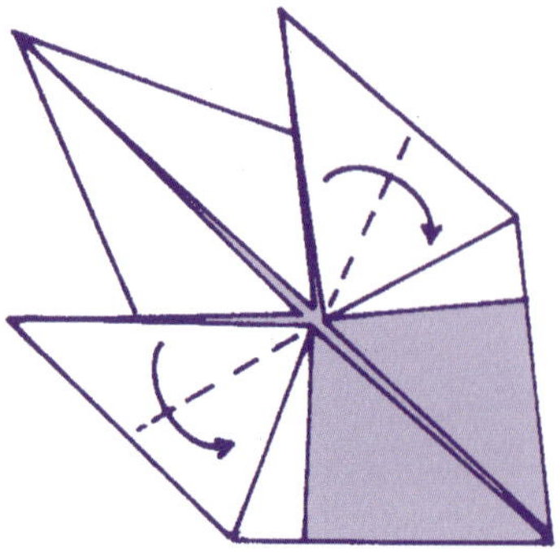

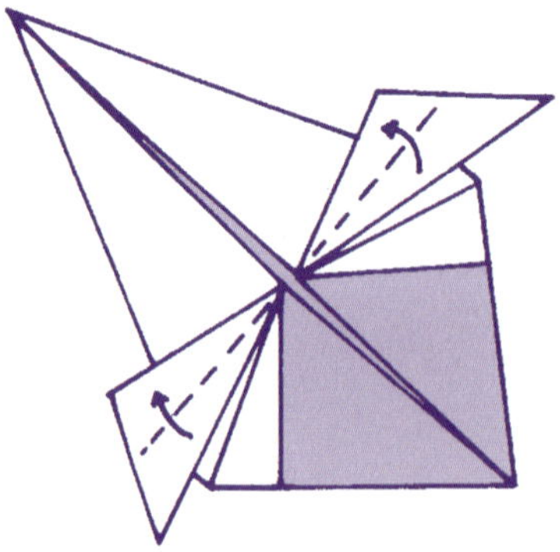

9 Die Form an der gestrichelten Linie falten.

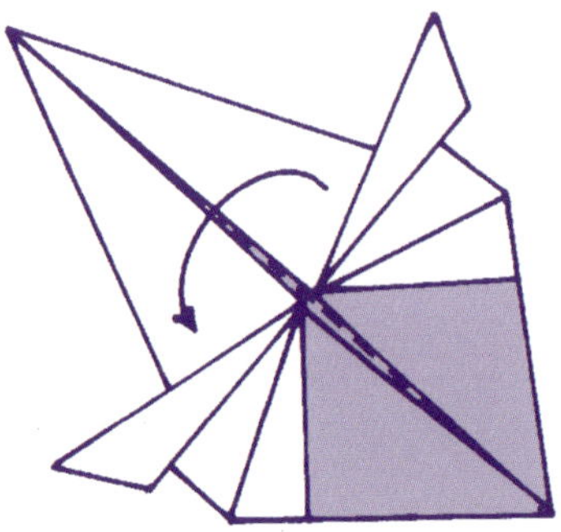

10 Den Kopf an der gestrichelten Linie umklappen und als Tütenfalte ausführen.

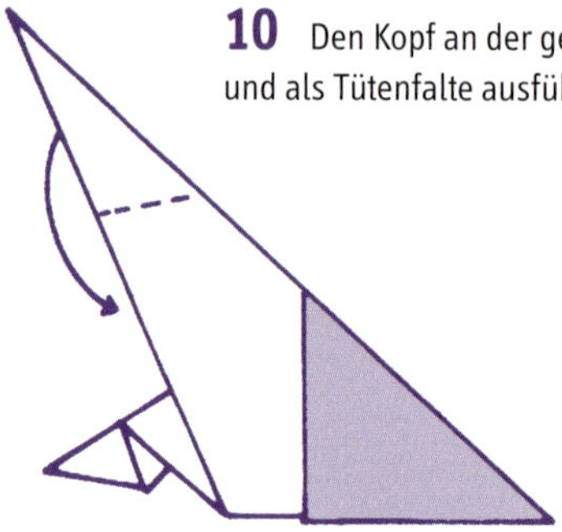

11–12 Die Kopfspitze als Schnauze an der gestrichelten Linie nach hinten falten.

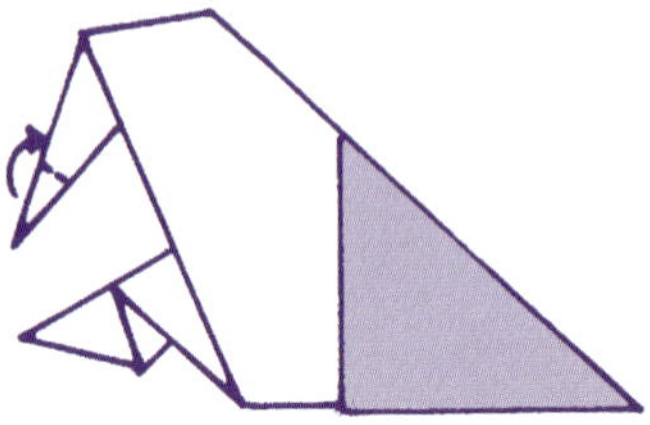

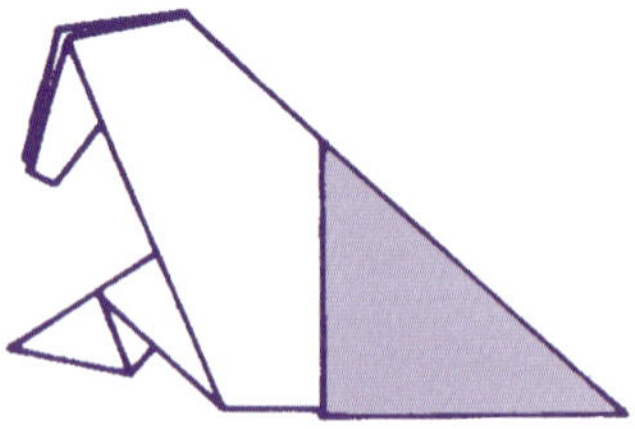

13 Die obere auf die untere Körperhälfte stecken.

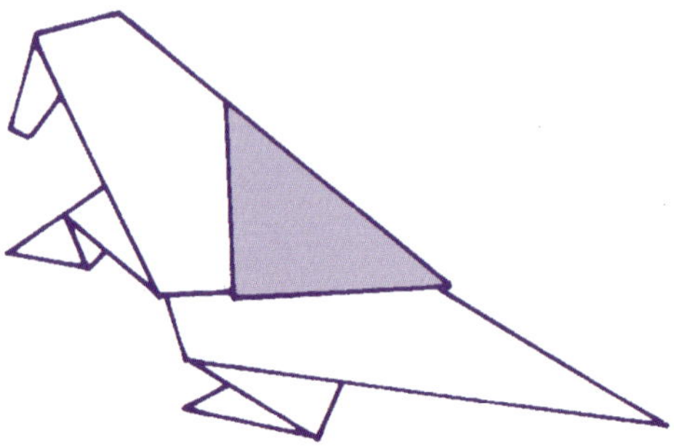

Tipp

Verpassen Sie dem Dinosaurier mit Buntstiften ein attraktives Panzermuster.

Flugsaurier

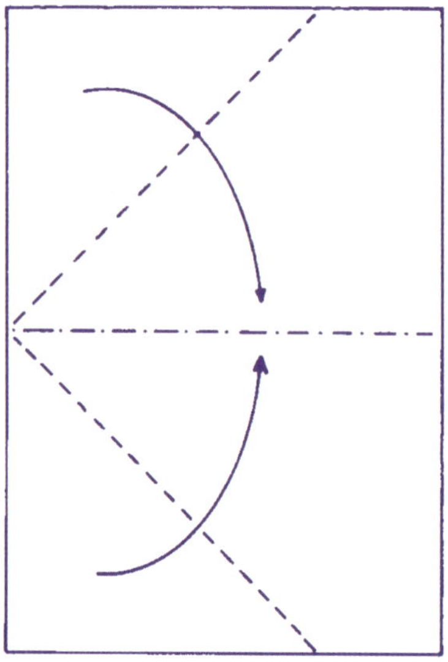

1 Das Papierrechteck, A4, in der Mitte falten (Strichpunktlinie) und öffnen. Wenden und an den gestrichelten Linien die beiden Ecken zur Mitte falten.

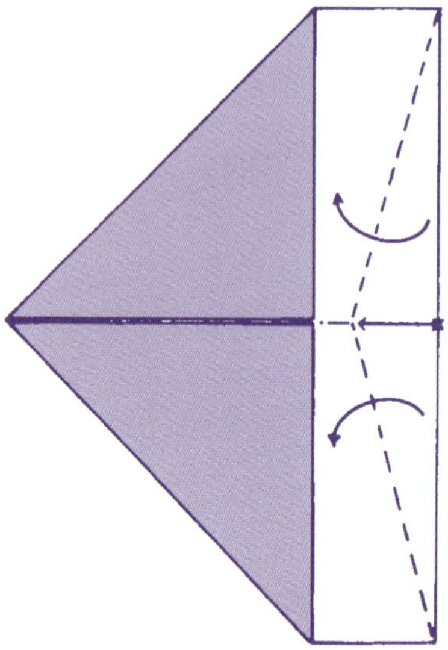

2 Die Mittellinie vom Rand (Kreuz x) aus einschneiden (Pfeil). Die beiden Randstreifen neben der Einschnittstelle an den gestrichelten Linien umschlagen.

3–4 Die untere Hälfte an der Mittellinie (Strichpunktlinie) nach hinten falten.

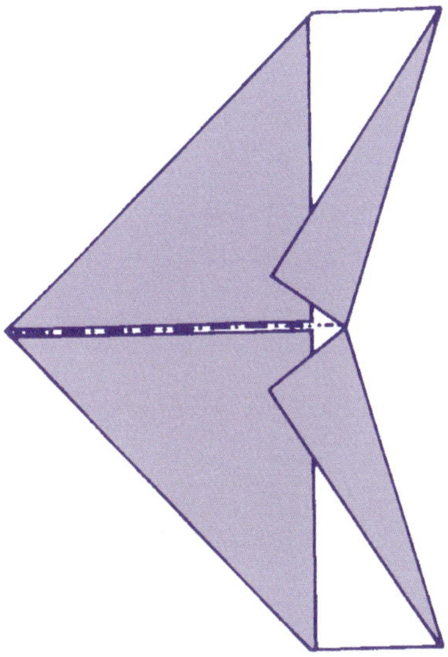

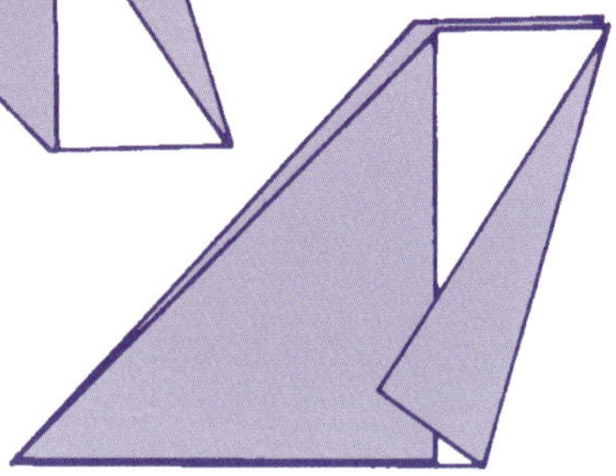

5 Die späteren Flügel auf beiden Seiten an der gestrichelten Linie nach unten und wieder nach oben falten.

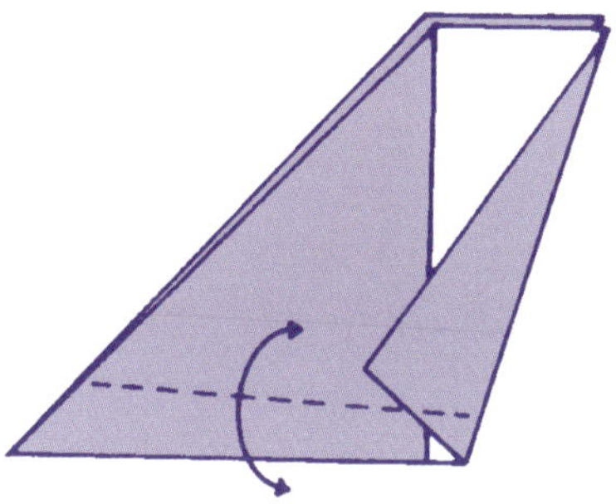

6 Die Figur von vorne (Kreuz x) an der Faltlinie auf Pfeillänge einschneiden. Neben dem Einschnitt ein Dreieck an der Strichpunktlinie nach hinten falten.

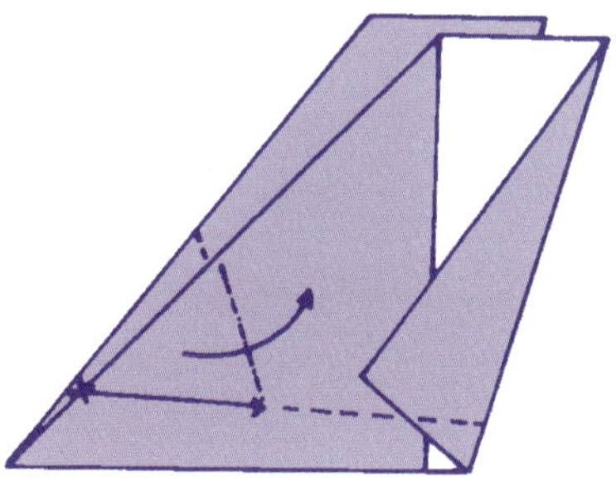

7–8 Den späteren Hals an der gestrichelten Linie nach oben klappen.

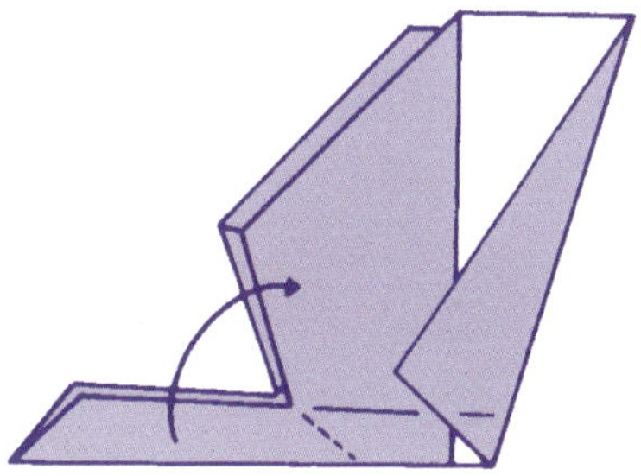

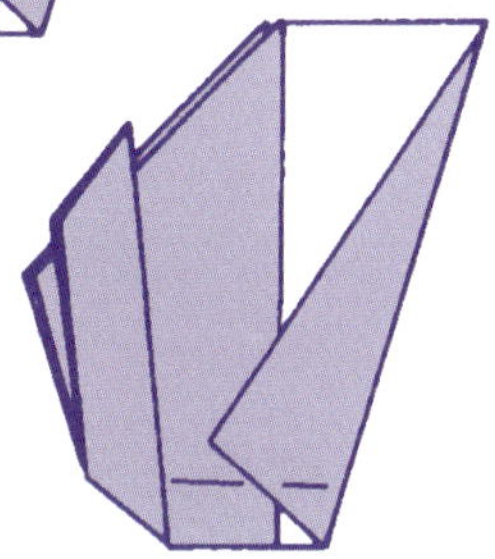

9 Den Hals wieder nach unten klappen und eine Taschenfalte nach oben arbeiten. Die Flügel nach unten falten.

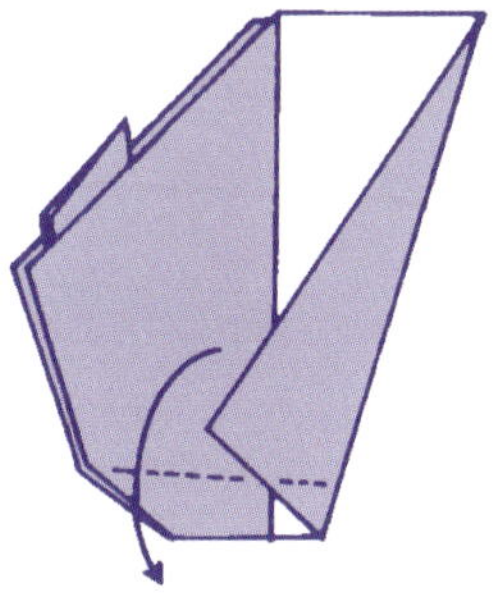

10–11 Den Hals an der gestrichelten Linie umklappen.

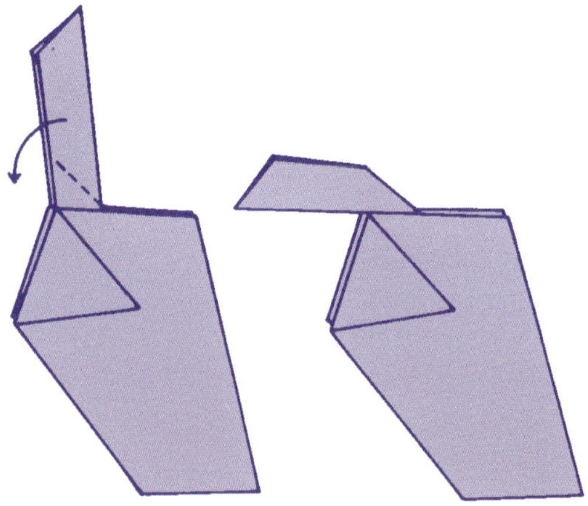

12–13 Den Hals zurückfalten und eine Taschenfalte arbeiten. Am Kopf den oberen Rand auf beiden Seiten an der Strichpunktlinie nach hinten falten.

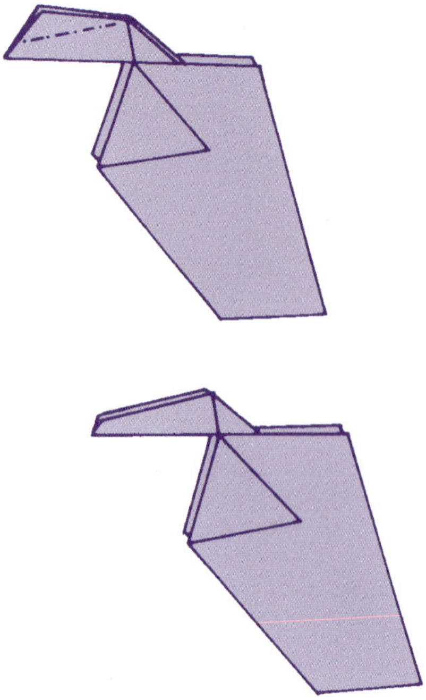

14 Die Flügel nach oben klappen und das nach vorne gefaltete Dreieck wieder nach hinten falten.

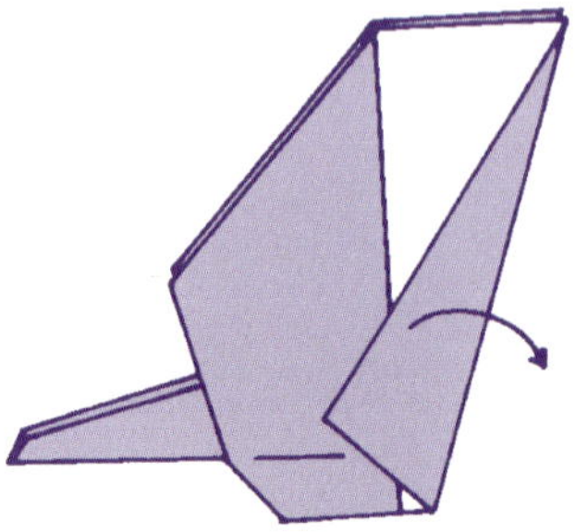

15–16 Den Saurier von hinten entlang der gepunkteten Linie einschneiden und das zuvor nach hinten gefaltete Dreieck wieder nach vorne falten.

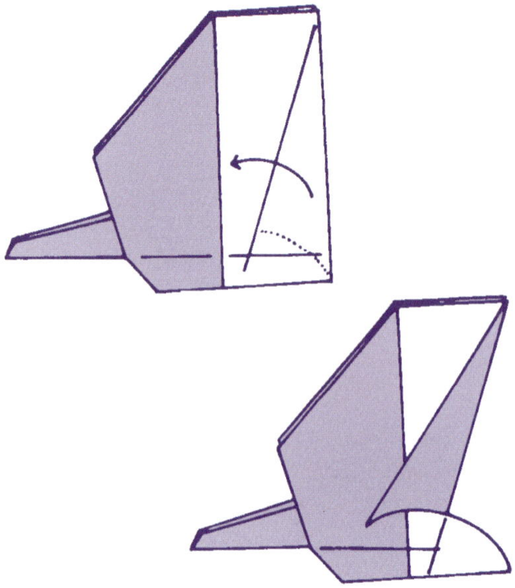

17 Jeden Flügel dreimal falten.

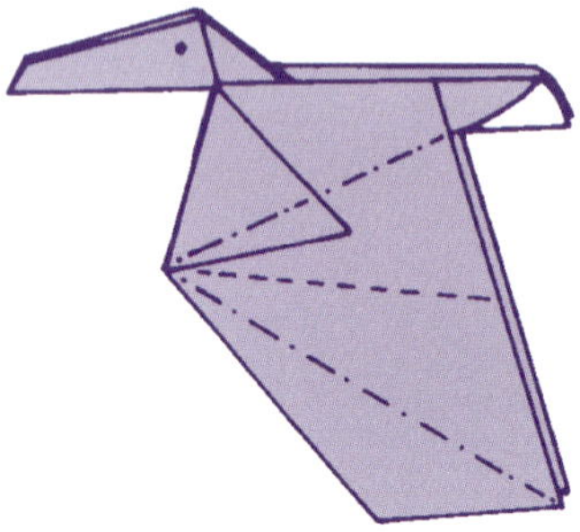

Tipp

Den Flugsaurier falten Sie am besten aus stabilem, festem Papier, in dem die Falze gut halten.

Fuchs

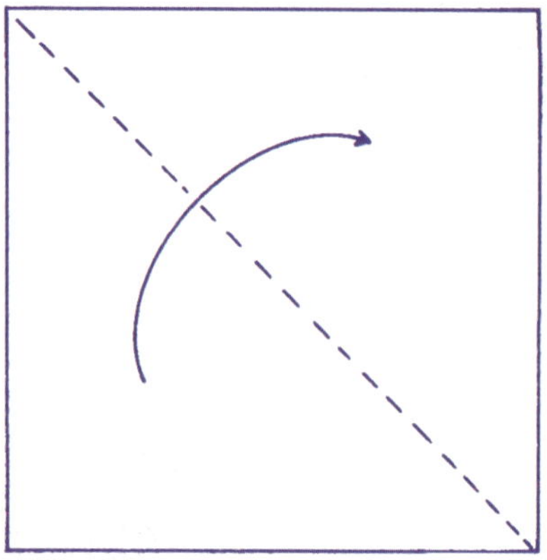

1 Das Papierquadrat diagonal falten.

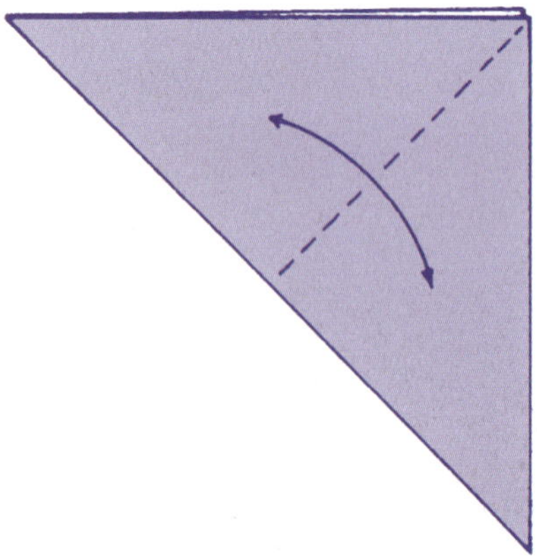

2 Das entstandene Dreieck an der gestrichelten Linie falten und wieder öffnen.

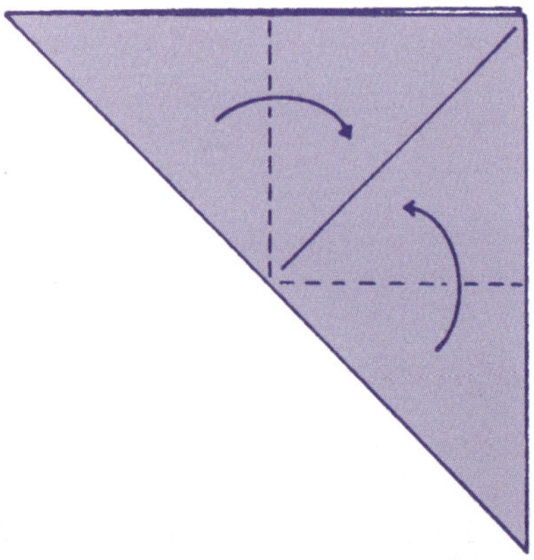

3 Die beiden Ecken an den gestrichelten Linien zur Mitte falten.

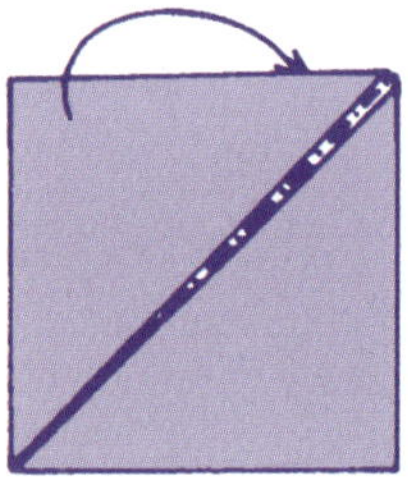

4 Das entstandene Quadrat an der Strichpunktlinie nach hinten falten.

5–6 Den rechten Rand des Dreiecks an der gestrichelten Linie umklappen.

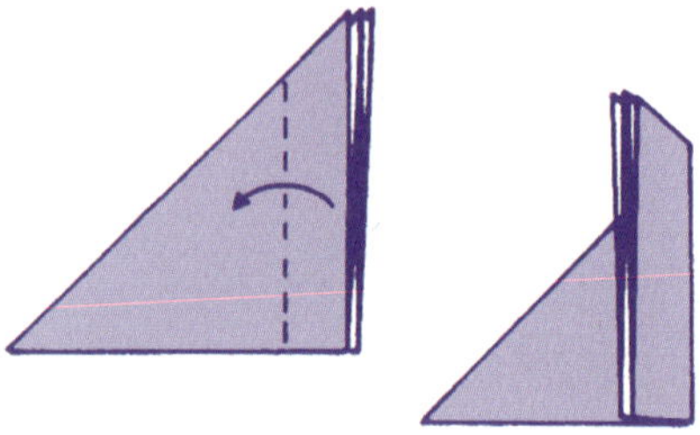

7 Von den drei Randstreifen den rechten nach rechts zurückklappen, dadurch wird der mittlere Randstreifen mitgezogen und geöffnet. Den mittleren Randstreifen als Kopf nach unten drücken und glatt streichen. Abschließend noch den Schwanz an der gestrichelten Linie umschlagen.

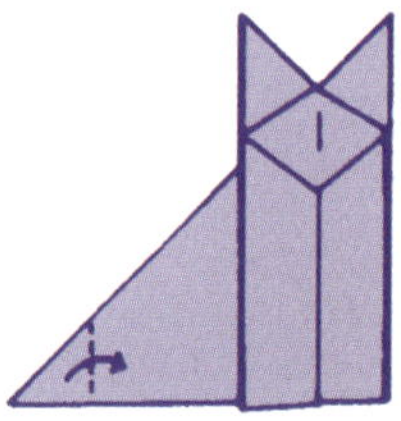

Tipp

In Schwarz geht der Fuchs auch als Wolf durch. Diese einfache Figur kommt gut als Geschenk für Schlaufüchse an.

Schmetterling

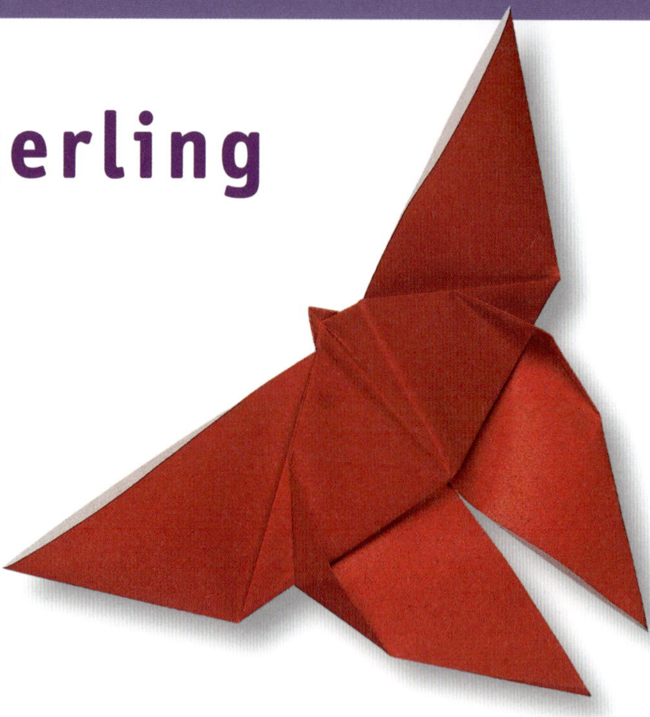

1 Das Papierquadrat zweimal diagonal falten und öffnen. Wenden, zur Hälfte falten und öffnen.

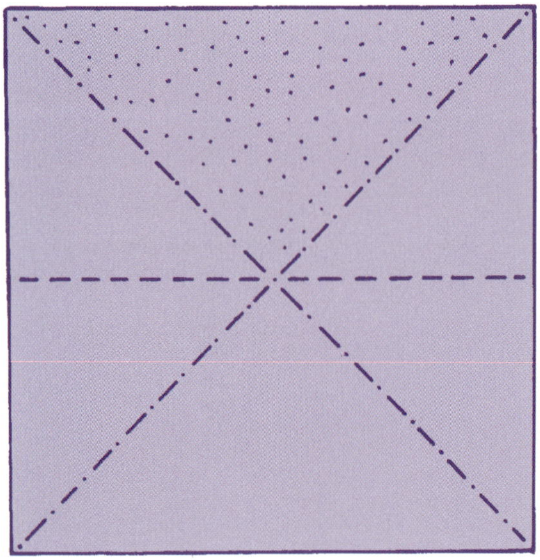

2 Zu einem Dreieck falten. (Die gepunktete Fläche am großen Quadrat entspricht der gepunkteten Fläche am gefalteten Dreieck.)

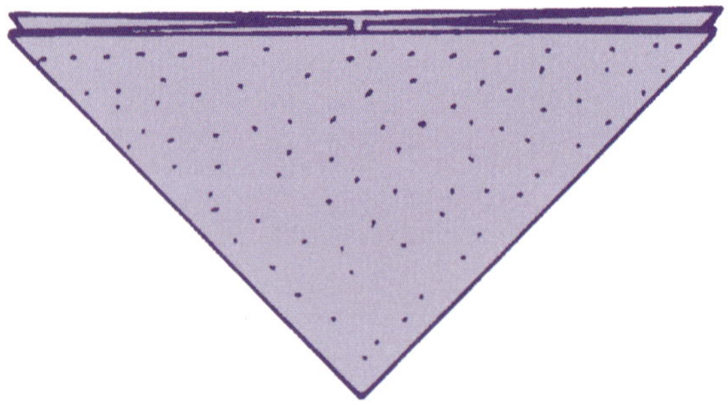

3 Die Seiten an den gestrichelten Linien zur Mitte falten.

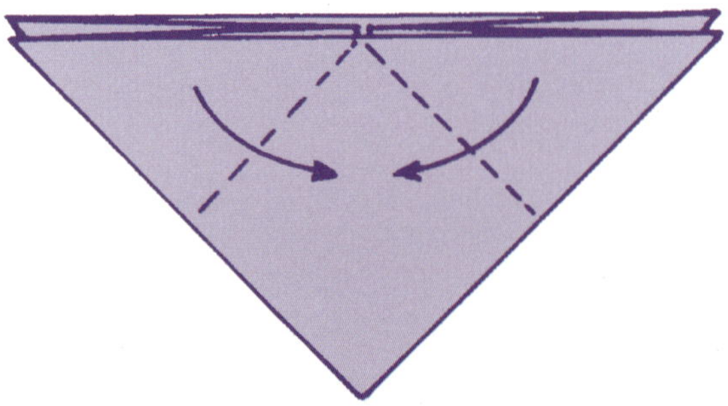

4 Die untere Spitze an der Strichpunktlinie nach hinten falten und die Figur wenden.

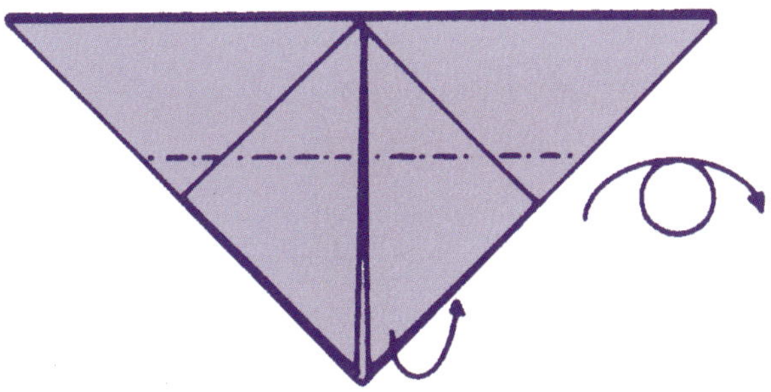

5 Die beiden Spitzen an der gestrichelten Linie nach unten falten und vorsichtig die beiden dreieckigen Winkel glatt streichen, die an beiden Seiten entstehen.

6 Die obere Spitze an der Strichpunktlinie nach hinten und an der gestrichelten Linie wieder nach vorne falten.

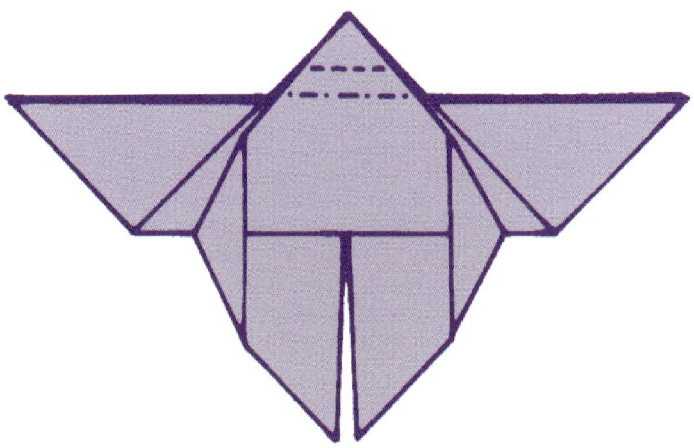

7 Die Figur an der gestrichelten Linie nach rechts falten.

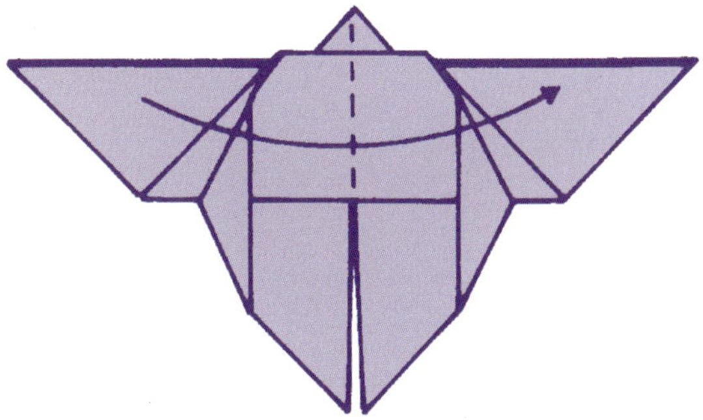

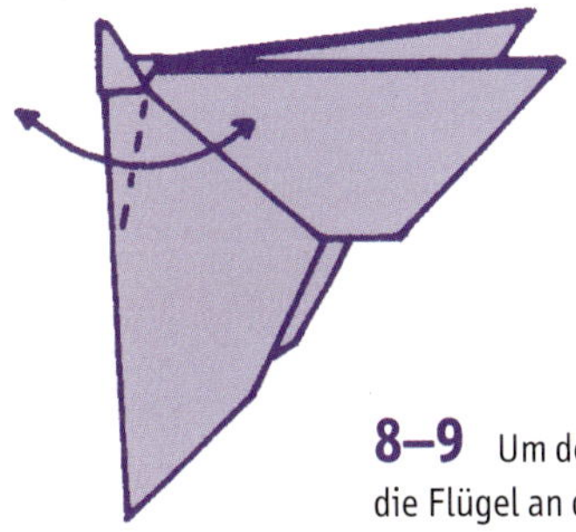

8–9 Um den Rumpf zu formen, die Flügel an der gestrichelten Linie nach vorne bzw. nach links und wieder zurück falten.

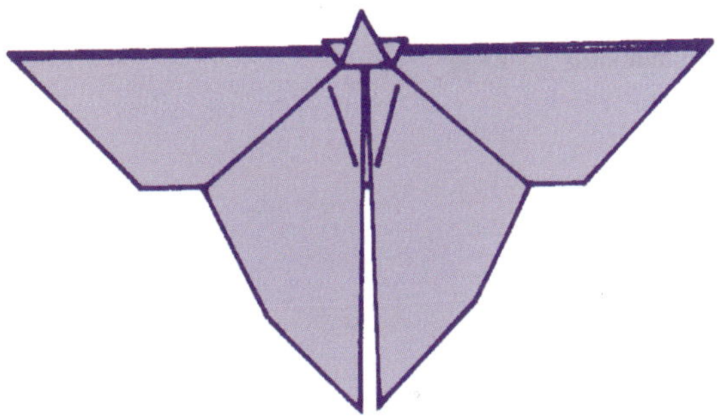

Tipp

Die Schmetterlinge sind ein tolles Zusatzgeschenk zu einem Blumenstrauß.

IMPRESSUM

Wir danken paperfrog, nice papers, Berlin, für die freundliche Bereitstellung von Papier (www.paperfrog.de).

MODELLE UND ZEICHNUNGEN: Armin Täubner

PROJEKTMANAGEMENT UND LEKTORAT: Katrin Gerweck

LAYOUT: Karoline Steidinger

FOTOS: frechverlag GmbH, 70499 Stuttgart; Fotostudio Ullrich & Co., Renningen

DRUCK UND BINDUNG: POLYGRAF PRINT spol. s r.o.

Überarbeitete Neuauflage von TOPP 7708

1. Auflage 2018

ISBN 978-3-7724-7966-3
Best.-Nr. 7966